Aroldo Lattarulo

CAPIRE LE FALSITÀ ED EVITARLE

CASI PRATICI DI ALLENAMENTO AL PENSIERO CRITICO

EdiAL

I edizione - giugno 2024
© Aroldo Lattarulo

ISBN 9798314109533

TEST INIZIALE

Leggo su un muro la frase che segue:

In Italia non c'è giustizia perché non c'è verità

e mi viene in mente l'idea di iniziare questo libro con un test, chiamiamolo così, e prima ancora della Introduzione.

Chiariamo, prima di tutto, che è un test dall'effetto ritardato - nel senso che dovrai prima leggere tutto il libro, per poter **concludere** la procedura prevista - e che ci sarà bisogno della tua attenzione su quanto leggerai nelle pagine che seguono, perché il test possa ottenere risultati significativi.

Il test permetterà di sapere se la lettura di questo volume ha prodotto in te qualche cambiamento - a livello di ragionamento critico - oppure se la sua lettura **non** ha portato cambiamenti nel tuo modo di pensare (il che, ovviamente, potrebbe anche essere un risultato positivo, a seconda dei casi).

Il test si svolge così:
1) Pensa o, meglio, scrivi su un foglio quali considerazioni svilupperesti se ti chiedessero - come sto facendo - di commentare la frase.
2) Leggi tutto il libro, cercando di "prendere" spunti utili dalle informazioni e dalle riflessioni che tenterò di esporre.
3) Alla fine del libro, riscrivi nuovamente le tue considerazioni sulla frase in oggetto.
4) Dopo di che,dael confronto tra le riflessioni vecchie e le nuove - o in mancanza di nuove considerazioni, se il tuo pensiero non sarà cambiato - potrai valutare se quanto avrai letto avrà in qualche modo influito sui tuoi pensieri,

oppure se il tuo modo di pensare è rimasto del tutto invariato.

In entrambi i casi, otterrai spunti su te stesso e sul tuo modo di valutare gli accadimenti e le opinioni altrui.

Rifiutare di avere delle opinioni
è il modo di averle.
San Francesco di Sales

INTRODUZIONE

Questo volume ha vita propria, pur facendo parte di un progetto che ho chiamato "Oltre il Mentalismo".
Può quindi essere letto indipendentemente da quel progetto, anche se, com'è ovvio, consiglio di prendere visione anche degli altri prodotti che ne fanno e ne faranno parte.[1]

Il materiale contenuto in questo libro è stato precedentemente pubblicato in un gruppo Facebook ad accesso riservato a pochissimi amici.
Avevo chiamato *Agorà* quel gruppo, nel senso, peraltro ovvio, di luogo di scambio di idee e per la trasmissione di informazioni.
Ho scelto un nuovo titolo per l'edizione cartacea per motivi di chiarezza (il titolo *Agorà* avrebbe detto poco a chi avesse sfogliato distrattamente i cataloghi online).

Come suggeriscono il titolo e il sottotitolo di questo volume, i settori nei quali ci addentreremo sono quelli riguardanti la razionalità, la logica e la cultura, che poi sono ottimi supporti all'intelligenza.
E lo faremo parlando di casi concreti, cercando di trarre da ciascuno di essi qualche spunto per un ragionamento costruttivo che poi possa tradursi, auspicabilmente, in un modo più critico e saggio di valutare ciò che succede, e di comportarsi in modo conseguente.
Ma non solo questo.

---

1 Nel momento in cui scrivo, il progetto *Oltre il Mentalismo* contiene, oltre al presente volume, il corso online dallo stesso nome (trovate informazioni sul sito www.aroldo.info - guardate nel menu), e i seguenti libri:
- PsychoLogic
- Siamo Immortali? Un'indagine sulla domanda più importante
- Tecniche efficaci di manipolazione mentale
- Indagine su Gustavo Rol - volumi 1 e 2
- Le ragioni di chi crede - Note apologetiche

Come ripeto spesso, ciascuno di noi ha un **dovere**, che non è soltanto quello di cercare costantemente di migliorarsi.

Il dovere altro del quale parlo è quello di **trasmettere** a chi ci circonda le nostre "scoperte", in modo tale che anch'essi ne traggano vantaggio.

Se si vuole dare un senso alla propria vita, non c'è modo migliore del cercare di migliorare il mondo che ci circonda, cominciando magari dalle relazioni con chi ci sta vicino.

Nelle prossime pagine cercherò di fornire spunti e ragionamenti su argomenti che, nel tempo, ho trovato interessanti.

Sono convinto che i lettori dalla mente attenta e dalla curiosità intelligente sapranno fare buon uso delle informazioni che leggeranno.

Non si tratterà mai di lezioni accademiche, ci mancherebbe altro, ma di piccole analisi su aspetti interessanti e talvolta curiosi relativi alla realtà che ci circonda.

Se volete un paio di esempi: nei primissimi capitoli parlerò della milza nella poesia (se non capite di cosa sto parlando, è del tutto normale...), e vi dirò anche perché sorrido mentalmente ogni volta che uso il Bluetooth.

Questo per dire che gli argomenti trattati, partendo talvolta da semplici curiosità, serviranno a fornire ai lettori informazioni poco conosciute che, a mio modestissimo parere, ampliano gli orizzonti mentali, molto più di quanto possano fare corsi dalle grafiche con effetti speciali, dagli enunciati altisonanti e dalle promesse sostanzialmente farlocche.

Spero che il percorso vi interessi.
Buon viaggio.

1

LA CULTURA E LA MILZA

Come primo passo in questo percorso, iniziamo col definire brevemente gli argomenti dei quali tratteremo, e che poi sono quelli già citati: psicologia, pensiero critico, intelligenza, razionalità, logica e cultura.

Parliamo come prima cosa della cultura; e lo faremo utilizzando uno spunto che proprio in questi giorni mi ha dato un'immagine vista casualmente su Facebook.

Premettiamo una cosa peraltro ovvia: qui non facciamo corsi di storia, geografia o di altre materie scolastiche.

Usiamo un mezzo diverso, come vedrete, e con un intento duplice.

Da una parte voglio convincervi - a meno che già non ne siate convinti, come mi auguro - che avere molte conoscenze può risultare molto utile, in ogni fase della vita.

Inoltre, cercherò di fornirvi spunti, informazioni che di solito non si trovano nei libri di scuola, anche perché dobbiamo per forza dare per scontato che i libri scolastici un po' tutti li abbiamo già letti e studiati, e non vale la pena rifarlo qui.

Come dicevo, prendo lo spunto dall'immagine che vedete nella pagina che segue.

Qualcuno di voi può aver capito il senso della frase, perché sa già il significato della parola *spleen*.

Se già conoscete il senso di questa parola (più ancora del suo significato immediato), bene, ma comunque continuate a leggere, perché la sostanza di questo post (al di là del significato di spleen) credo che possa interessare a tutti.

Mi rivolgo comunque principalmente a coloro che non conoscono il significato del termine *spleen* e, meglio ancora, non capiscono il senso del termine **in questo contesto**.

Prima di svelare il significato della frase, comunque, invito a ragionare sulla questione seguente: basta non conoscere il significato o il senso di **un solo termine** per restare fuori da una discussione, da un gruppo, da una cerchia di persone.

Il tasso di conoscenza (o, per converso, il tasso di ignoranza) possono influenzare la vita in modo considerevole.

È per questo che la cultura ha grande importanza.

Ed è per questo che è uno dei pilastri - per usare un termine già noto a chi mi conosce - di cui ci occuperemo in questo percorso.

Spero che sia chiaro il senso di questo discorso, anche perché è un senso ovvio e chiaro da capire: più si conosce e, almeno per alcuni aspetti, meglio si vive.

Veniamo al termine *spleen* contenuto nella frase.

Innanzitutto vediamo il significato della parola, e poi vedremo il senso più completo dell'espressione.

In inglese, la parola *spleen* significa *milza*.

La milza, secondo una credenza che risale all'antica Grecia, ad Ippocrate, produce la bile nera, liquido che nell'organismo sarebbe responsabile di uno stato malinconico, triste, di abbattimento psicologico.

Un senso più completo la questione l'assume se si pensa che Charles Baudelaire verso la metà del 1800 pubblicò *I fiori del male*, una raccolta di poesie che gli causò una denuncia per oltraggio alla morale.

Nella raccolta, Baudelaire inserisce quattro poesie tutte con lo stesso titolo, *Spleen*: milza, quindi.

In realtà, è più precisamente la quarta poesia quella alla quale comunemente ci si riferisce.

Questo è il testo della poesia:

Quando il cielo basso e oppressivo pesa come un coperchio
sull'anima che geme in preda a lunghi affanni,
e versa, abbracciando l'intero giro dell'orizzonte,
una luce nera più triste di quella delle notti;
quando la terra si è trasformata in un'umida prigione,
dove la Speranza, come un pipistrello,
va sbattendo contro i muri la sua ala timida
e picchiando la testa sui soffitti marciti;
quando la pioggia distendendo le sue immense strisce,

imita le sbarre di una grande prigione,
e un popolo muto d'infami ragni
tende le sue reti in fondo ai nostri cervelli,
a un tratto delle campane sbattono con furia
e lanciano verso il cielo un urlo orrendo,
simili a spiriti erranti e senza patria,
che si mettono a gemere ostinatamente.
E lunghi funerali, senza tamburi né musica,
sfilano lentamente nella mia anima;
vinta, la Speranza piange; e l'atroce Angoscia, dispotica,
pianta sul mio cranio chinato il suo vessillo nero.

È evidente l'atmosfera malinconica.

Ecco, tutto questo rende chiaro lo *spleen* citato nella vignetta dalla quale siamo partiti, che quindi assume (maggiore) valenza per il fatto di aver chiaro il significato di tutti i termini lì usati.

Bene, allora. Con questo breve discorso abbiamo chiarito a cosa serve - in buona sostanza - il sapere, la "cultura" in ogni sua forma, cioè conoscenza di "cose" (notizie, informazioni) anche solo divertenti, non necessariamente tristi come lo *spleen* dell'esempio, e comunque utili da sapere.

Abbiamo visto il significato immediato di *spleen* e ne abbiamo visto l'interpretazione poetica di Baudelaire.

Sappiamo o, almeno, abbiamo ricordato - se già lo sapevamo - qualcosa in più.

La prossima volta non avremo difficoltà a partecipare alla discussione, se qualcuno tirerà fuori l'espressione *spleen*.

2

PSICOLOGIA, BLUETOOTH E NOTIZIE INCONSUETE

Vorrei ora chiarire una questione accennata in precedenza, e cioè del perché spesso sorrido, almeno mentalmente, quando vedo il simbolo del Bluetooth, o quando, per qualsivoglia ragione, viene fuori la necessità dell'utilizzo della connessione Bluetooth.

L'informazione che sto per darvi, e che forse già conoscete, non vi cambierà la vita, come non l'ha cambiata a me quando ne sono venuto a conoscenza ma, come abbiamo già detto, avere una conoscenza, anche se è solo una curiosità, è sempre meglio che non averla.

Ordunque… avete presente il simbolo del Bluetooth?

È dato dall'unione di due simboli runici, lo Hagall e il Bjarken, cioè l'H e la B.

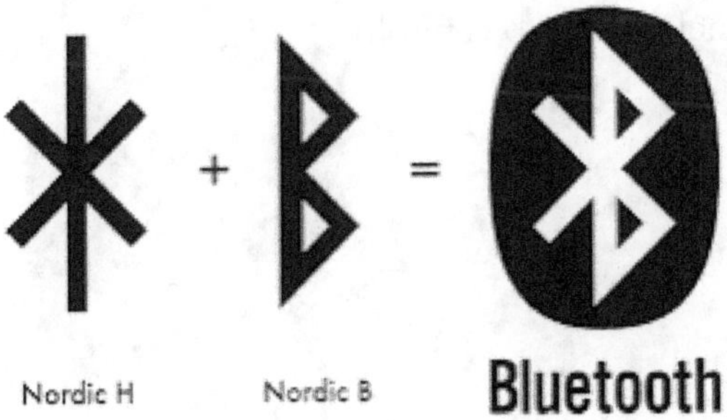

Il motivo della scelta di questi simboli sta nel fatto che gli ideatori del sistema di trasmissione che chiamiamo adesso Bluetooth, erano appassionati di storia dei vichinghi.

Con la scelta di quei simboli hanno voluto omaggiare un grande re di quel popolo.

Guarda caso, quel re si chiamava Harald I di Danimarca, cioè Aroldo I di Danimarca, il che, dal mio punto di vista, come capirete, mi incuriosisce particolarmente.

Aroldo I di Danimarca, tra le altre belle cose che (pare) abbia fatto, costruì un ponte lungo 760 metri, il che per l'epoca era un'opera colossale che permetteva, in sintesi, il facile collegamento tra popoli.

Il collegamento è anche ciò che fa il sistema che chiamiamo Bluetooth.

E il nome Bluetooth, che significa *dente blu*, deriva dall'antica lingua di quei popoli, ed era il soprannome dato al re, che aveva un dente blu, per l'appunto, anche se non si sa per quale motivo, se perché era ghiotto di mirtilli, se perché si colorasse i denti per andare in battaglia o se per chissà cos'altro.

Fatto sta che il re era, per tutti, Aroldo Dente blu, cioè Harald Blatand (Harald Bluetooth), con H e B come iniziali.

Esattamente le due rune che oggi, unite, vediamo in continuazione su praticamente ogni dispositivo di comunicazione che usiamo.

Tutto qua.

Sì, dirà ancora qualcuno, ma alla fine 'sta roba a che mi serve?
Lo vediamo nel prossimo capitolo.

3

A COSA SERVE?

Se avete già capito, se già pensate che possa esservi utile questo percorso che fornisce informazioni di vario genere, dalla psicologia alla cultura, per arrivare, auspicabilmente, alla formazione, all'aumento di un intelligente pensiero critico... allora potete fare a meno di continuare nella lettura di questo capitolo, che è rivolto a coloro che, magari scettici, stanno ancora valutando/dubitando dei vantaggi derivanti dall'acquisto e dalla lettura di questo libro.

Insomma, coloro che si stanno chiedendo se ne ricaveranno benefici per la loro formazione e per la loro vita.

Opero da un quarto di secolo, professionalmente, nel settore della formazione, **anche** tramite il mentalismo.

Secondo la mia esperienza, la stragrande maggioranza delle persone interessate al mentalismo - e anche quelle interessate al proprio miglioramento personale (qualsiasi cosa si possa intendere per miglioramento) - è in cerca, diciamo così, del Sacro Graal, cioè di qualcosa che quasi magicamente dia loro le capacità che vorrebbero possedere.

C'è chi vuole apparire un mentalista bravo e potente, e allora spende soldi a vanvera comprando oggetti truccati (il magico rimedio, secondo loro)... per poi accorgersi che la considerazione che riscuotono dalla gente non soltanto non è aumentata ma, in non pochi casi, è addirittura diminuita, e quelli che li applaudono lo fanno quasi per compassione.

C'è poi chi vuole aumentare il proprio carisma, se non proprio la fiducia in se stessi, e cerca il Sacro Graal in corsi di motivazione che, dopo i primi momenti di entusiasmo, alla fine li lasciano al punto dov'erano prima del corso, ma con qualche soldo in meno e una perdita di tempo in più.

Il problema, che non hanno capito, è che ciò che realmente serve non è il trucco di mentalismo, non sono i mantra inutili e senza alcun significato come

IL LIMITE È IL CIELO!
SE POSSO PENSARLO POSSO FARLO!
e scemenze di questo tipo.

Se vuoi diventare un campione di tennis ma sei negato o hai un ginocchio malandato, il limite non è il cielo, ma la tua mancanza di talento o i tuoi problemi fisici.

Puoi anche pensare di essere un astronauta, ma la vedo dura, se non hai **enormi** capacità intellettuali e fisiche.

Puoi anche pensare di far lo scrittore, ma se ignori grammatica, sintassi e regole di punteggiatura… è meglio che lasci perdere.

Il gasarsi con slogan inutili (che corrispondono all'inesistente Sacro Graal della formazione) deve lasciare il passo a qualcosa di più utile.

Deve lasciare il passo a qualcosa che non dà risultati nell'immediato, come farebbe l'inesistente Sacro Graal, ma che lentamente e profondamente contribuisce alla capacità di pensiero intelligentemente critico, cioè quel pensiero che riesce a far valutare al meglio ogni situazione, e che porta a comportamenti **davvero** produttivi a seconda dei propri obiettivi.

Il pensiero critico si sviluppa, si alimenta esclusivamente attraverso due canali: la conoscenza ed il ragionamento.

La prima, la conoscenza, è un'attività passiva: si assorbono informazioni.

La seconda, il ragionamento, è un'attività più faticosa, che consiste nell'utilizzare le informazioni depositate nel proprio cervello (cioè la cultura) per trovare connessioni utili tra ciò che si sa e ciò che accade.

È un processo lungo ma, come abbiamo detto, il miglioramento, quello vero, non avviene mai istantaneamente o in tempi brevi, che si tratti di giocare a ping pong o di credere in se stessi o di essere un buon mentalista, un buon counselor, o uno straordinario formatore.

Ho già citato altrove la storiella del pesciolino che cercava il mare, e che incontrò un pesce anziano.

Il pesciolino chiese al pesce anziano: "Dov'è il mare?"

Il pesce anziano gli rispose: "È tutto intorno a te…"
Il pesciolino non credette al vecchio pesce, e continuò la sua inutile ricerca.

Potreste dirmi, ok, va bene, ma che ce ne facciamo di Baudelaire o dell'origine del termine Bluetooth?
Al momento niente, probabilmente non ve ne fate niente.
Ma vedrete che prima o poi vi capiterà nella vita di utilizzare queste o altre informazioni, o curiosità come queste, in colloqui con altre persone, e in quel momento, magari fra qualche anno… penserete in maniera meno scettica a questo libro, sicuramente non caro e tendenzialmente non inutile.

4

PSICOLOGIA E DETTATO

Come abbiamo detto, in questo lavoro ci occuperemo anche di psicologia.

Meglio: ci occuperemo di alcuni aspetti psicologici, cercando soprattutto di non fare teoria, ma di trovare spunti utili per i comportamenti da adottare nella vita di tutti i giorni, nelle attività professionali, nelle relazioni interpersonali.

Insomma, niente a che vedere con argomenti come storia della psicologia, o esame delle varie scuole e cose di questo tipo.

Magari non saremo proprio ortodossi, non saremo… come dire… tradizionali nel parlare di psicologia, ma il nostro intento è quello di trovare indicazioni comportamentali, più che interessarci a dispute tra teorie in campo psicologico.

Quelle si possono studiare in modo completo all'università.

Oggi, ad esempio, parliamo qui di un *bias*.

Col termine *bias*, come si sa, si intendono quegli errori mentali, errori di ragionamento, errori di giudizio che derivano da percezione errate o incomplete nelle varie situazioni, errori che portano poi a comportamenti sbagliati, a comportamenti non proprio utili, anzi spesso dannosi.

Ho già parlato in *PsychoLogic* di alcuni *bias*.

Se non avete ancora letto *PsychoLogic* vi invito a farlo, e mi scuserete per questo accenno pubblicitario, ma credo che quel libro contenga spunti utili, qualunque sia l'esperienza e la capacità di ragionamento di ciascun lettore.

Torniamo ai *bias*.

Normalmente, si parla dei *bias* più famosi, chessò... il *bias* di conferma, secondo il quale tendiamo, tra le altre cose, a prediligere fonti di informazione che confermino i nostri punti di vista, evitando di ascoltare e tantomeno di analizzare a fondo le opinioni opposte alle nostre.

Qui invece voglio accennare brevemente ad un errore di ragionamento del quale si parla poco, anzi praticamente mai.

Sto parlando di un comportamento mentale, di un ragionamento su se stessi che è diffusissimo in gran parte dell'umanità e che è fonte di gravi danni, sociali e relazionali.

Sto parlando del fatto di sottovalutarsi o, al contrario, di sopravvalutarsi, quantomeno in alcune circostanze.

Più precisamente, intendo il sottovalutarsi o il sopravvalutarsi a prescindere da ogni riscontro fisico o obiettivo.

Mi spiego meglio.

Se ritengo di non poter correre i cento metri in dieci secondi, non mi sto sottovalutando. Sto semplicemente tirando delle conclusioni (giuste) che derivano dalla mia età e dalla mia condizione fisica.

Se dico di saper attaccare e far funzionare un lampadario non mi sto sopravvalutando, perché quella stessa azione l'ho già fatta un grande numero di volte, considerati anche tutti i traslochi che ho fatto nella mia vita.

Il *bias*, l'errore di ragionamento del quale parlo, invece, opera o opererebbe se, ad esempio, iniziassi a diventare nervoso al pensiero di dover, chessò, fare un discorso durante un evento durante il quale sarà presente, facciamo l'ipotesi, il presidente della Repubblica, o comunque un personaggio importante.

In questo caso mi sottovaluterei, perché non ci sarebbe proprio motivo di essere nervoso, semplicemente perché, per il lavoro che faccio, ho già parlato in pubblico più volte, e che tra i presenti ci sia o no qualcuno che ha un certo ruolo non cambia affatto la questione: insomma, la presenza del presidente non può e non deve influire sul mio stato d'animo.

Se pensassi che potrebbe influire... mi starei sottovalutando, il che comporterebbe il mio nervosismo, il che significherebbe che il *bias* è attivo e il comportamento ne risentirebbe.

Parlo di questo *bias* facendo riferimento a mie esperienze perché sono stato vittima di questo errore di ragionamento in altre fasi della mia vita, e sto sempre attento ad evitare di ricadere nell'errore cognitivo, perché so che è un *bias* subdolo, sempre in agguato, per me come per tutti.

Detto questo, allora, vediamo un esempio di come questo *bias* può attaccare facilmente me, voi, tutti quanti.

Il compito che vi do è semplice: scrivere un testo sotto dettatura, proprio come si faceva a scuola quando si imparavano le basi fondamentali della scrittura.

ATTENZIONE!

NON ANDATE A LEGGERE IL TESTO
CHE È A PAGINA 22!

SE LO LEGGETE
NON POTRETE PIÙ FARE IL TEST!

Ecco, siete invitati a scrivere il testo che, ripeto, è a pagina 22.

NON DOVETE LEGGERE IL TESTO, e quando vorrete fare il test, chiederete ad un vostro conoscente/amico di dettarvelo.
Lui/lei leggerà e voi scriverete.
Leggerà lentamente, con pause opportune, giusto per darvi il tempo di scrivere… a parte il fatto che potrete eventualmente chiedergli di rallentare, se ritenete che vada troppo in fretta.

Quanti di voi si sottoporranno a questa prova?
Quanti di voi si sentono abbondantemente superiori rispetto a questo tipo di prove scolastiche e rifiuteranno l'invito a svolgere il dettato?
O, al contrario, quanti di voi si sentono impauriti da prove semplici di questo tipo, perché temono di sbagliare?
Il *bias* è sempre in agguato, state attenti.

Voglio anche dirvi che so benissimo che tra voi c'è gente che scrive anche meglio di me, non ho problemi ad ammetterlo.

Ma so anche che qualcun altro avrebbe bisogno di qualche aggiustatina nell'uso della sintassi, della grammatica e della punteggiatura.

Insomma, per finire: vi invito caldamente a mettere per iscritto, sotto dettatura, il testo che segue.

Dopo che l'avrete fatto, credo che fareste bene - tutti, anche coloro che scrivono meglio di me e tra voi ce ne sono - a confrontare quello che avete scritto con quello che scriverebbero altre persone.

Potreste, ad esempio, dettare voi lo stesso testo a vostri familiari, amici… e poi confrontare quello che avete scritto voi con quanto avranno scritto loro.

Troverete delle differenze, soprattutto nella punteggiatura. Sarebbe molto utile a tutti capire qual è, allora, la punteggiatura giusta o, almeno, quella migliore.

Insomma, fatelo.

E attenzione a non farvi vincere dal *bias*, senza sopravvalutarvi e senza sottovalutarvi.

IL DETTATO

Mario chiese a Paola: "Qual è o qual è stata secondo te l'attrice più brava?"

Paola rimuginò tra sé e sé e poi rispose con entusiasmo: "Brigitte Bardot".

Mario pensò di essere innamorato di Paola e della sua gioia di vivere e a volte, quando lei parlava, a lui pareva di sentire un'eco in lontananza che somigliava alla risacca di spiagge esotiche. E allora sognava un bosco di acacie, delle quali scuoteva i rami fino a farne cadere alcune foglie.

Questa scena un po' buffa gli ricordava un aneddoto sulla meteorologia che gli raccontava sempre suo nonno.

Paola e Mario comunque si incamminarono verso la scuola, dove si sarebbe tenuto un esame.

Andarono fin là con aria indaffarata, anche se in realtà non avevano nulla da fare.

Poi Mario inciampò, colpendo con il braccio Paola, e le disse: "Scusa, non l'ho fatto apposta".

Lei era proprio divertita dalla sua goffaggine.

Mario poi le disse: "Noi insegniamo in questa scuola priva di grandi risorse, dove non c'è nulla di tecnologicamente avanzato."

Poi entrambi, accelerando il passo, entrarono nell'edificio e non si videro per tutta la durata delle fasce orarie destinate all'insegnamento.

Poi si rividero all'uscita, e Mario disse a Paola: "Io do la mano a te. Tu da' la tua mano a me!"

Paola allora dà la mano a Mario e lo fa contento.

Poi gli dice: "Fa' come me, salta!"

"Perché no?", disse Mario.

Poi si sposarono e si scambiarono il sì, a suggello del loro amore.

5

Vorrei introdurre un tema, un aspetto della realtà che può apparire teorico, marginale, sostanzialmente irrilevante, ma che, a pensarci in modo serio, influenza, o almeno potrebbe influenzare il nostro modo di vedere il mondo, e addirittura potrebbe determinare il nostro modo di atteggiarci rispetto a tutto quello che avviene nella nostra vita.

Devo premettere, anche se superfluo, che non sono un filosofo, né un matematico, né un cosmologo.

Quello che sto per dirvi non si basa su mie idee, ma su quanto ho imparato leggendo i lavori di due scienziati.

Parlo di Roger Penrose, cosmologo, fisico e matematico, vincitore del premio Nobel nel 2020.

E parlo di Amir Aczel, matematico, morto nel 2015 a 65 anni. Aczel è stato anche uno straordinario divulgatore scientifico, con la pubblicazione di molti libri che hanno ottenuto un grande successo internazionale.

Vi consiglio la lettura dei libri di Aczel; iniziate da quello che vi attira di più, sono tutti decisamente interessanti.

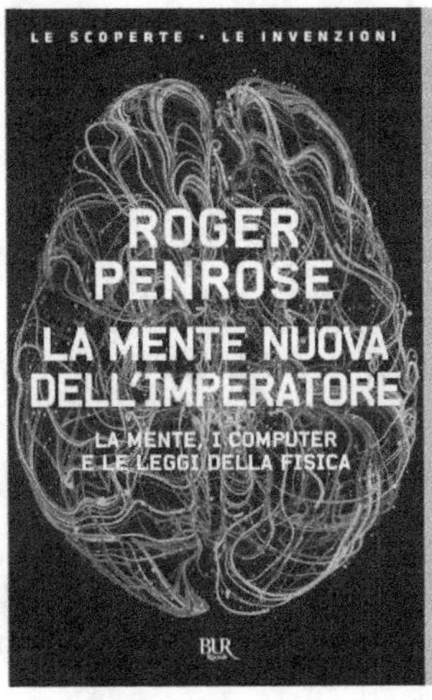

Per quanto riguarda Penrose, i suoi due libri fondamentali, a livello divulgativo, sono quelli dell'immagine, cioè *La mete nuova dell'imperatore* che conta 600 pagine e *La strada che porta alla realtà*, che di pagine ne ha 1200.

I libri di Penrose contengono anche formule matematiche e annotazioni scientifiche che, onestamente, non tutti sono in grado di capire, a partire da me.

Però la buona notizia è che quei libri possono comunque essere letti e apprezzati anche saltando le parti delle formule scientifiche, e tenendo conto soltanto dei ragionamenti filosofici, chiamiamoli così, che comunque si fondano sui concetti scientifici che l'autore spiega, al di là delle formule matematiche.

Leggendo i due autori dei quali vi sto parlando, ho scoperto che la scienza, cioè quello che si conosce (o almeno quello che **attualmente** si conosce in fisica, matematica, cosmologia, sul cervello e sulla coscienza), porta a concludere in modo certo che… **non potremo mai sapere tutto.**

Intendo dire che, a parere dei due scienziati in questione (ma non sono i soli, ovviamente), ci saranno sempre inibite alcune zone di conoscenza che sono al di là di ogni possibile indagine.

Sia per quanto riguarda, ad esempio, la questione di cosa c'era prima dell'inizio dell'universo, sia di cosa sia effettivamente composto il tutto, sia di zone della matematica che mai ci saranno comprensibili, e sia di orizzonti della coscienza che possano essere oggetto di indagine.

Cerco di spiegarmi meglio con un'immagine, derivante dalla spiegazione di Penrose, e che vede tre cerchi che si sovrappongono in parte.

I tre cerchi rappresentano l'universo, la mente umana e la matematica.

I tre cerchi, come potete vedere, si sovrappongono in alcune porzioni.

Una parte della matematica si sovrappone a parte del mondo fisico e quindi lo spiega in parte, ed è accessibile alla mente umana.

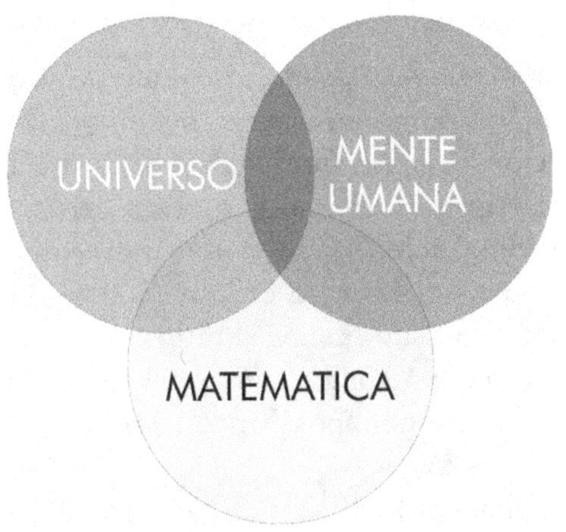

Ma esiste una parte della matematica che non ha alcun riscontro con il mondo reale...

Una parte dell'universo, dell'esistente, è raggiungibile dalla mente umana, ma gran parte di esso sarà per sempre al di là della nostra possibilità di indagine.

E parte di ciò che compone la nostra mente, i nostri pensieri... trova riscontro in spiegazioni fisiche e matematiche, ma è del tutto probabile che esistano meccanismi non spiegabili con le regole che conosciamo.

Cosa vuol dire tutto questo?

Vuol dire molte cose, e i libri che vi ho consigliato lo spiegano fin nei dettagli più affascinanti e quasi incredibili.

Qui, noi, per restare in una presentazione per forza di cose generica di questi ragionamenti dalla profondità straordinaria - e perché possiate rendervi conto di questa enorme profondità, vi invito a leggere i libri di Penrose - per restare genericamente alla superficie di questi argomenti, possiamo dire alcune cose.

Non sappiamo di preciso qual è l'estensione di sovrapposizione delle tre aree - mente, cosmo e matematica - ma sappiamo per certo che ci sono tre aree che restano a sé, che non si sovrappongono alle altre, anche se non possiamo conoscerne l'estensione.

Questo porta a concludere alcune cose interessanti.

La prima è che non siamo, né saremo mai in grado di sapere o di spiegare tutto ciò che è al di fuori delle aree di sovrapposizione.

Di conseguenza, non avremo mai risposte certe, risposte **certe dal punto di vista scientifico**, a domande come COSA c'era prima del big bang, se esiste un creatore o quale sia, comunque, la causa prima che ha dato origine al tutto.

Siamo sostanzialmente condannati a vivere in un recinto di conoscenza dal quale non possiamo né potremo mai evadere: questa è la cattiva notizia.

Ma c'è anche una notizia bella - e secondo me **molto bella:** possiamo fantasticare, immaginare, sognare, ipotizzare, sperare, a proposito di cosa possa esserci nelle zone che ci appaiono, almeno al momento, inaccessibili.

E comunque niente impedisce di auspicare che, al di là di ogni attuale impossibile dimostrazione matematica, le risposte che cerchiamo, e che risiedono nelle aree che vediamo inaccessibili, potranno un giorno risultarci chiare, in virtù di qualche "miracolo metafisico", oltre la fisica.

Poi, come si sa, ciascuno è libero di credere, sperare, o disperare in ciò che vuole.

Nelle pagine che seguono si fa talvolta riferimento al concetto di "vendita".

Qui il concetto viene usato non nel classico significato commerciale, ma nel senso più esteso: vendita come tentativo di far accettare agli altri ciò che si propone, che si tratti di un prodotto, di un sentimento, di una relazione, di un servizio o di qualsiasi altra "cosa" si vuole che "l'altro" accetti.

PENSIERO CRITICO

Prima di vedere la commistione tra vendita (nel senso lato già detto) ed il "pensiero critico", spendiamo alcune parole per definire quest'ultimo, in relazione, almeno, a ciò che qui intendiamo per tale.

Il pensiero critico è l'insieme dei ragionamenti che portano a valutare (il più possibile) obiettivamente una data situazione, in modo tale da adottare - in quella situazione - comportamenti intelligenti, cioè proficui per sé e, auspicabilmente, anche per gli altri soggetti coinvolti.

Tendenzialmente, il pensiero critico si concretizza nel distinguere - in un dato momento, in una data relazione, in una transazione personale - due elementi: gli elementi oggettivi, e quelli soggettivi.

Per elementi oggettivi intendiamo quelli fisici, materiali, indubitabili: la casa è grande 60 metri quadrati, il bambino ha otto anni, la distanza casa-scuola è di dieci chilometri, lo stipendio è di mille euro al mese, e così via.

Gli elementi soggettivi sono nient'altro che i pensieri che affollano la mente delle persone coinvolte nella situazione.

Tali pensieri si formano in linea con la "percezione" degli elementi oggettivi. Tale percezione è, normalmente, diversa - e talvolta **molto** diversa - da persona a persona.

Chi vuole valutare correttamente (meglio: il più possibile correttamente) una fattispecie, cioè una data situazione, deve per prima cosa essere comunque cosciente che anche i dati **oggettivi** vengono interpretati, il più delle volte, in modo diverso - e talvolta in modo addirittura opposto - dai soggetti coinvolti nella situazione.

Già essere coscienti che in una transazione personale, alla fine, non sono in ballo i dati oggettivi ma le percezioni soggettive che di essi ciascun interlocutore ha... già solo questo è un buon passo avanti nella capacità di elaborare un efficiente pensiero critico, capace di portare le negoziazioni interpersonali verso un risultato soddisfacente (che si tratti di vendere un'auto, di convincere un figlio che drogarsi fa male, o di mettersi d'accordo su quale ristorante scegliere per la serata).

Prima di esaminare alcuni aspetti pratici dell'applicazione del pensiero critico, e prima di dare un'occhiata più approfondita alla vendita "intelligente", cioè alla vendita effettuata secondo il pensiero critico, vorrei puntualizzare ancora alcuni aspetti.

Si tratta di risvolti che potrebbero apparire ovvi, ma che ovvi proprio non sono, visto che non sono tenuti in considerazioni nella maggior parte delle transazioni personali.

Non tenerli in considerazione, oltre a causare "vendite" improduttive, portano a disillusioni, a delusioni, a scoramenti, perché si ritiene, dopo gli insuccessi, di essere incapaci di raggiungere l'obiettivo prefisso, cioè di raggiungere il successo.

Cominciamo proprio da questo punto: il successo.

Cosa significa?

Meglio: cosa intenderemo qui per "successo"?

Quali sono le sue caratteristiche, quelle importanti, alle quali bisogna mirare?

Credo che il successo, paradossalmente, non risieda nel raggiungimento dell'obiettivo.

Credo che risieda, piuttosto, nel raggiungimento della migliore situazione **per il nostro interlocutore**.

Attenzione a non bypassare questo punto, perché nella sua semplicità è rivoluzionario, e va decisamente in senso contrario rispetto al concetto di successo che è diffuso in tutti i campi.

Nella vendita commerciale (chiamiamola vendita in senso stretto) si ritiene che un venditore sia "di successo" se vende molto.

Il parametro è questo: vendi molto, guadagni molto, sei uno che ha successo.

In nessuna, ripeto in nessuna considerazione viene tenuto un aspetto che, invece è determinante: quanto è contento il cliente dell'acquisto fatto e, soprattutto, quanto ne sarà contento **nel tempo?**

Parallelamente, se parliamo del concetto di vendita come trasmissione di consigli in una relazione personale, il successo non è tanto quello di **convincere** l'interlocutore, o gli interlocutori.

Nel mio libro sulle tecniche di manipolazione mentale ho ricordato la vicenda del reverendo Jones, ed il **suicidio collettivo** dei suoi seguaci al quale lui li aveva portati, li aveva **convinti.**

Il successo, nelle situazioni interpersonali, si ottiene quando l'altro, o gli altri, trovano beneficio, nel tempo, dall'ascolto dei nostri input.

Insomma, il successo non ha nulla a che vedere con quanto di solito viene insegnato, come modo per primeggiare.

Su questo aspetto magari torneremo, se sarà necessario aggiungere qualche specificazione.

Intanto vorrei brevemente parlare di un altro aspetto, sempre relativo alla vendita intesa in ogni senso possibile; un aspetto che va tenuto ben presente, anche per valutare l'efficacia dei nostri tentativi di vendita (sempre intesa in senso lato).

Si tratta del **bacino di utenza** che a noi interessa avere.

Mi spiego meglio.

La base da cui partire e di cui essere pienamente coscienti, è che, qualsiasi cosa diremo o faremo, non piaceremo a tutti.

Spesso, piaceremo a pochi.

Quasi sempre piaceremo a molti meno di quanti invece spereremmo.

Il che vuol dire una cosa: realizzare il maggior numero di vendite possibili (vendite intese sempre in senso lato) dipende da tre cose.

La prima: il pubblico a cui ci rivolgiamo.

Inutile parlare di cultura a chi è interessato **soltanto** ai giochini di prestigio (parlo per esperienza professionale, naturalmente), così come è inutile parlare solo di giochi di prestigio a chi aspira davvero, seriamente, ad essere una persona migliore.

La seconda: le modalità di comunicazione.
Parlo di tecniche efficaci di comunicazione, che molto spesso proprio non sono quelle che noi crediamo.
Capita molto frequentemente che nella comunicazione (e nel marketing) si proceda imitando quello che fanno altri, il che non è quasi mai una buona idea.
Terzo punto: la cosiddetta *Unique Selling Proposition*.
Ciò che vendiamo, ciò che diciamo, ciò che trasmettiamo, ciò che in senso lato proponiamo agli altri, deve essere, almeno tendenzialmente, unico, differente da quello che già vendono altri, che già fanno gli altri.
Quantomeno, dovremo venderlo **in modo diverso** da come fanno,gli altri, facendo percepire ciò che offriamo - già nelle modalità in cui trasmettiamo la nostra proposta - come cosa tendenzialmente speciale, accattivante, gradevole, affascinante.

Bene. Stabiliti questi punti, possiamo iniziare a vedere alcuni aspetti concreti del proporre se stessi e i propri pensieri (o i propri prodotti, se vi interessa l'aspetto commerciale della cosa).

7

- LA CAPACITÀ DI CONVINCERE -
IL "QUID" FONDAMENTALE
PER IL SUCCESSO NELLE RELAZIONI

Guardando i vari video che appaiono sui social - parlo dei video in cui un certo numero di persone (me compreso, ovviamente) cercano di vendere i propri prodotti o la propria consulenza - appare evidente che alcuni venditori, chiamiamoli così, possiedono un "quid" che altri non hanno.

Direi anche che la stragrande maggioranza delle persone non ragiona neanche sul fatto di possedere o no questo "qualcosa" (che stiamo per esaminare).

Il che porta di frequente a disastri nella comunicazione o, quantomeno, porta ad una comunicazione poco efficace, o meno efficace di quanto sperato.

Questo "quid", alcuni l'hanno e altri no, anche nelle relazioni interpersonali non specifiche, intendo quelle relazioni, quei rapporti, quei colloqui non orientati direttamente alla vendita di un prodotto: si tratta delle relazioni familiari, con i colleghi di lavoro, al bar, in ogni occasione in cui ci sia una interazione con altre persone.

Si tratta di un "quid", di un "qualcosa" che va oltre tutti i discorsi che si fanno, giustamente peraltro, a proposito di tecniche, di motivazioni psicologiche, di metodi verbali e così via... tutte cose sulle quali si può ragionare e che si possono imparare, sia nella loro teoria che nella pratica.

Ma il qualcosa di cui parlo va al di là di tutto questo.

Sto parlando della **capacità di convincere**.

Il quid di cui parlavo è la **capacità di apparire** affidabili, credibili e, di conseguenza, persuasivi..

Sì, lo so, è un po' il segreto di Pulcinella: alla fine tutti sanno che per convincere... bisogna essere convincenti, ed è anche banale dirlo.

Ma se è banale, allora come mai sono in molti, anzi mi ci metto anch'io, siamo in molti a risultare quasi sempre o addirittura sempre non convincenti, o poco convincenti?

Su questo argomento, naturalmente, non ci sono regole fisse, ciascuno può dire la sua, e probabilmente ciascuno ha buone idee in proposito.

Vi dico cosa ne penso io.

Credo che la capacità di risultare/apparire convincenti sia l'elemento indispensabile in uno scambio relazionale che tenda a portare dalla propria parte chi ascolta.

Senza questo elemento, qualsiasi tecnica verbale, qualsiasi effetto speciale, qualsiasi bella grafica, qualsiasi argomentazione o qualsiasi linguaggio usato... è inutile, risulta inutile.

Non so voi, ma a me è capitato di conoscere alcune persone, particolarmente carismatiche, che riuscivano a "portare a sé gli altri" col solo modo di fare, indipendentemente da altri fattori... come dire... tecnici.

Un esempio personale: quando purtroppo è necessario, porto la mia auto da un certo meccanico, e non da un altro, che pure conosco bene.

Non ho le prove né ho la minima idea se il meccanico da cui vado sia migliore dell'altro, e men che meno so esattamente cosa combini con i pezzi del motore della mia macchina quando gliela lascio per aggiustarla.

Ma lui mi dà sicurezza, e l'altro no.

Dipende da come si comporta, da come parla, da come ascolta, da come è deciso nel proporre soluzioni... insomma, da un insieme di fattori che è anche difficile da elencare o spiegare.

Passa in secondo piano il fatto che, in ogni caso, il mio meccanico, lo dicono tutti, è più caro dell'altro.

Come ho già detto, qualche tempo fa ho pubblicato un libro sulla manipolazione mentale, e in quel libro ho citato il caso tragico del reverendo Jones, quello che condusse al suicidio collettivo un numero impressionante di suoi adepti.

È vero che, pur inconsciamente, Jones adottava alcune metodologie classiche della persuasione, ma per arrivare a convincere in modo così incredibilmente drammatico, è evidente che l'aspetto carismatico, diciamo "non tecnico", ha un'importanza fondamentale.

Si tratta solo di un esempio eclatante, quello del reverendo Jones, e se ne potrebbero fare mille altri, meno tragici ma anche altrettanto drammatici.

Quello che voglio dire è che, stabilito, allora, che la capacità di essere convincenti non ha a che vedere con lo studio della psicologia o di tecniche o metodi, dobbiamo chiederci se noi, se ciascuno di noi è provvisto **naturalmente** di questa capacità; di quanto ne è provvisto naturalmente; e se, comunque sia, questa capacità possa essere in qualche modo aumentata, con l'esercizio e col ragionamento su se stessi.

Ne parleremo nel prossimo capitolo, quando vedremo cosa non va, cosa non è convincente in alcuni video e in alcune pubblicità che sono sotto gli occhi di tutti sui social.

8

CREDIBILITÀ
(Seconda parte)

Senza entrare nel dettaglio di esempi relazionali personali, faccio riferimento ad esempi pubblici, visibili a tutti, di errori commessi da alcuni utenti di Facebook, che nel volersi mostrare convincenti commettono invece errori pacchiani, risultando l'esatto opposto di quanto vorrebbero, e cioè appaiono involontariamente NON credibili.

Ciò che sto per dire riflette esclusivamente la mia percezione delle situazioni.

Non escludo che i post pubblicati su Facebook dei quali sto per parlare siano percepiti da qualcuno come dimostrazione, al contrario, di credibilità, esattamente all'opposto di quanto io credo. Il mondo è vario, e del tutto imprevedibile.

Ma vediamo cosa ne penso io.

Il primo caso di cui voglio parlarvi è, in realtà, una moltitudine di casi tutti molto simili tra loro.

In sostanza, un giovanotto si presenta in video e dice di essere diventato ricco, anzi, molto ricco, mediante un metodo che non richiede alcun investimento, che non comporta alcun rischio, che necessita solo di un quarto d'ora di impegno al giorno e che **assicura** alti guadagni, giornalieri, settimanali o mensili, a seconda del giovanotto che parla.

Attenzione: non sto dicendo che questi giovani non possano avere scoperto davvero metodi rivoluzionari.

Ma una cosa è la **possibilità**, e ben altra cosa è la **probabilità** di un evento.

Nessuno può escludere che esista una possibilità finora sconosciuta di trasformare la pietra in oro, ma del tutto diversa è la PROBABILITÀ che qualcuno ci sia riuscito, almeno finché non dimostra di saperlo fare.

I giovanotti che dicono di aver trovato il Sacro Graal hanno un problema di credibilità per il semplice motivo che

1) vorrebbero far credere ad una affermazione roboante, incredibile - cioè quella di produrre sicura ricchezza dal nulla -

2) e vorrebbero farla credere vera solo mostrandosi vicino a delle auto costose o chiedendo conferma, nel video, a loro amici.

E neanche i giovanotti si accorgono dell'evidente paradosso di cercare di racimolare qualche cliente su Facebook, pur avendo trovato il modo di essere ricchi senza far nulla.

Ora, è chiaro che tra noi nessuno pensa di cadere in errori così lampanti di credibilità (o incredibilità, meglio).

Ma l'esempio, pur iperbolico anche se vero, serve a porre attenzione sul fatto che molto spesso può succedere di essere così convinti che il proprio modo di fare sia coerente, e quindi convincente, che non ci si accorge delle incongruenze che agli altri invece appaiono del tutto evidenti.

Attenzione anche ad un altro aspetto.

Parlo della scarsa attenzione alle conseguenze delle tecniche adottate per risultare credibile.

Mi spiego con un esempio, tratto anche questo da Facebook.

Una persona che conosco ha pubblicato qualche tempo fa un post relativo ad un suo spettacolo.

Fin qui tutto bene, ciascuno cerca di far vedere cosa riesce a fare.

La cosa che mi ha incuriosito, però, è che sotto il post apparivano circa 10.000 like e solo 3 commenti.

Troppa discrepanza tra i due numeri.

Sono andato a vedere chi aveva messo tutti quei like e, a parte una ventina, tutti gli altri provenivano da orientali, da persone asiatiche, con nomi asiatici.

Insomma, like acquistati, non veri, e acquistati pure in modo maldestro, senza neanche assicurarsi di aver acquistato dal rivenditore giusto.

Ora, a parte il dettaglio che bisognerebbe sapere che i like finti non portano a niente - lo dicono tutte le scuole di marketing serie

- qui è mancata anche la parte dell'accortezza nell'acquisto dei like farlocchi.

Conclusione: che credibilità reale può pensare di avere o costruire chi si comporta in modo così incapace?

Ancora una volta, ripeto che sono sicuro che tra noi non c'è gente così sprovveduta, ma quello che voglio sottolineare è che i passi falsi nel costruire e conservare credibilità sono sempre dietro l'angolo.

Come si fa, allora, per non sbagliare e dare corpo, dare sostanza alla propria personalissima credibilità - in famiglia, con gli amici, sul lavoro, al bar, nella società?

Non esiste una risposta univoca, naturalmente: siamo tutti diversi, per fortuna, e ciascuno ha caratteristiche particolari sulle quali fondare la personale credibilità.

(Una parentesi, a questo proposito: i giovanotti dei quali vi parlavo prima a proposito del realizzare ricchezza dal nulla, si propongono tutti in maniera sostanzialmente uguale: "Io sono diventato ricco, te lo confermano anche i miei amici che il mio metodo funziona, non devi investire nulla, avrai una rendita sicura e straordinaria".

Dicono tutti la stessa cosa, e neanche ragionano sul fatto che è la particolarità della proposta a differenziarsi dagli altri.

È sulla specificità personale che il successo relazionale va costruito.

Chiusa parentesi, e torniamo a dire che ciascuno deve sviluppare una **personalissima** credibilità.

Se una indicazione pratica posso darvi, è quella che segue, che ritengo essere la più utile in assoluto: fatevi consigliare da qualcuno di cui vi fidate.

Meglio: fatevi consigliare da qualcuno che ritenete non soltanto all'altezza di dirvi cosa potreste fare per essere credibili o più credibili, Ma dovete essere anche sicuri che adotti con voi il massimo di sincerità, e che non abbia scrupoli nel dirvi in cosa sbagliate.

In altre parole, qui non vale il detto che chi fa da sé fa per tre.

Noi abbiamo bisogno (tutti) di un occhio esterno che ci giudichi e ci guidi. Attraverso un lavoro di costante limatura dei difetti si può arrivare ad una soglia di credibilità sociale che da soli, il più delle volte, non si riesce minimamente a raggiungere.

Lo vedo nel mondo del mentalismo, il mondo che frequento da alcuni decenni. Chi si crede arrivato è e resta di basso livello.

Chi studia da solo, di solito è e resta di livello sostanzialmente mediocre.

Chi lavora con un gruppo di dilettanti resta il più delle volte un dilettante.

Chi lavora con persone capaci e si fa consigliare aumenta gradualmente il suo livello, la sua qualità, la sua credibilità.

Attenzione: questa fase - chiamiamola del consiglio esterno - è soltanto **l'inizio** per un miglioramento della credibilità.

Individuati i punti su cui intervenire, poi inizia il lavoro. Qualcuno dovrà migliorare la dizione, qualcun altro l'aspetto fisico, qualcun altro la gestualità, qualcun altro le competenze in certe materie, qualcun altro dovrà essere davvero più empatico e non dovrà limitarsi soltanto a sembrare empatico… e così via, ciascuno migliorando i suoi lati non ottimali.

Si tratta di miglioramenti strettamente individuali. È per questo che non esistono libri generici utili alle specificità di ciascuno.

Insieme con il coach, con il consigliere, bisognerà trovare gli spunti più opportuni.

Mi fermo qui, su questo argomento.

Non considerate queste mie note come semplice teoria.

So bene che questi ragionamenti il 99,9% delle volte entrano da un orecchio ed escono dall'altro.

Ovviamente, dipende da chi ascolta decidere cosa farne.

9
FALSO
"VERO"
VERO

C'è un aspetto della nostra vita che è, allo stesso tempo, interessante e inquietante.

Qualsiasi notizia, qualsiasi informazione, qualsiasi "cosa" che noi sappiamo e, se vogliamo, qualsiasi cosa in cui crediamo, può essere - come da titolo di questo capitolo - falsa, vera tra virgolette o vera senza virgolette.

Dopo spiegherò la presenza o no delle virgolette per la parola "vera".

Per il momento, però, soffermiamoci su un concetto che, come dicevo, è contemporaneamente interessante e inquietante.

Il concetto è questo: esattamente come il gatto di Schrödinger, ogni notizia può essere allo stesso tempo vera o falsa: è vera e falsa **contemporaneamente**.

Cerco di spiegarmi con due esempi, due fatti che sono collegati tra loro.

Il primo caso riguarda la scrittrice Misha Defonseca, che ha pubblicato più di 25 anni fa le sue memorie, dal titolo *Sopravvivere con i lupi*.

Si tratta di ricordi che hanno commosso il mondo intero.

Il libro narra di un episodio vissuto e sofferto da una famiglia ebrea ai tempi del nazismo.

L'autrice racconta che nel 1941, quando lei era bambina, i suoi genitori furono deportati e lei rimase sola. Iniziò allora, da parte della bambina, la ricerca del papà e della mamma in giro per l'Europa.

La bambina incontrò disavventure di ogni tipo, ed assistette a fatti cruenti e comportamenti crudeli da parte delle persone che man mano incontrava nel suo viaggio solitario.

Il tutto culminò con l'incontro, nei boschi, con un branco di lupi che l'accolse per un certo periodo, e diventò per lei quasi una nuova famiglia.

Il racconto della Defonseca è stato raccontato anche in un film, dallo stesso titolo del libro, un film del 2007, diretto da Vera Belmont.

Il secondo episodio che voglio raccontarvi, e che è collegato a quello che vi ho appena detto, riguarda l'incontro tra Francois Renè di Chateaubriand, conosciuto dai più semplicemente come Chateaubriand, letterato francese, che in piena rivoluzione, nel 1791, partì per l'America del Nord in cerca del leggendario passaggio a nord ovest, dalle parti del Canada, un canale di collegamento tra l'Oceano Atlantico e l'Oceano Pacifico.

Alcuni anni dopo questo viaggio, Chateaubriand pubblicò le sue memorie, all'interno delle quali racconta del suo incontro, giovane esploratore ventitreenne, con il sessantenne primo Presidente degli Stati Uniti, George Washington.

Chateaubriand racconta di essere andato a casa sua, di averlo atteso per diversi lunghi minuti e, nell'incontrarlo, di essere stato affascinato dal carisma di quell'uomo.

Bene: c'è una caratteristica che accomuna l'episodio della bambina ebrea e l'esperienza narrata da Chateaubriand, i particolari del suo viaggio in America e in particolare il suo incontro con George Washington.

Entrambe le storie **non sono vere**.

Alcuni studiosi "indagatori" hanno spulciato vecchi documenti, e sono arrivati a dimostrare che né la storia della bambina ebrea né il racconto di Chateaubriand corrispondono alla realtà.

Tutto falso, allora?

Tutto deprecabile?

È vero, entrambi hanno mentito, presentando come veri fatti non accaduti.

Ma possiamo semplicemente fermarci qui, e lapidare metaforicamente i due autori, oppure possiamo ragionare in modo da trarre, da quei racconti falsi, una qualche verità, seguendo un possibile ragionamento critico-costruttivo e non semplicemente distruttivo?

In realtà, come vedremo anche in seguito, i due esempi che abbiamo visto, quello dei lupi e quello di Chateaubriand, non sono un'eccezione.

I racconti **non** veri, o quantomeno "veri" (tra virgolette) - e quindi non veri ma neanche falsi del tutto - sono la stragrande maggioranza delle storie che contano, che si tramandano, che si pubblicano, siano esse riferite a personaggi famosi o a storie che diventano di dominio pubblico, o che riguardino quanto succede privatamente a ciascuno degli esseri umani, e quindi anche a ciascuno di noi, a me e a voi che ascoltate quello che dico.

In sostanza, viviamo in un mondo di notizie che, per la quasi totalità, non sono del tutto vere e non sono del tutto false: sono, per l'appunto, vere tra virgolette.

Ma andiamo per ordine, perché il discorso è importante.

Ed è importante per il semplice motivo che rendersi davvero conto che viviamo in un mare di informazioni, pubbliche e private, che non sono totalmente vere, potrebbe indurci a riconsiderare molti aspetti della vita, nel senso che può cambiare il nostro modo di vedere il mondo, può cambiare le nostre opinioni su argomenti importanti, e può cambiare la nostra visione, la nostra considerazione delle persone che ci circondano.

Direi che può in qualche modo aiutare a riflettere anche su noi stessi, su quello che diciamo e su quello che facciamo.

Torniamo allora al primo racconto, quello della ragazzina ebrea che va in giro per l'Europa in cerca dei genitori, e viene pure accolta come in famiglia da un branco di lupi.

L'autrice del racconto non si chiamava Defonseca, ma Monique De Wael.

Quando la De Wael è stata smascherata, quando le hanno dimostrato che il suo racconto non era vero, la sua prima reazione è stata quella di negare di aver mentito.

Poi, ovviamente, visto che erano inoppugnabili le prove che quanto da lei raccontato non corrispondeva alla realtà, ha dovuto ammettere di aver inventato tutto: lei non era ebrea, non aveva attraversato l'Europa a piedi, e ancora meno era stata accolta dai lupi.

I fatti si erano svolti diversamente, anche se comunque restavano fatti drammatici.

Durante la seconda guerra mondiale, i genitori della bambina erano stati effettivamente portati via dai tedeschi, e la piccola andò a vivere con una donna che la prese in custodia.

In più, la bambina veniva vista male dal resto della popolazione, perché si vociferava che i genitori fossero stati, in realtà, collaboratori dei nazisti.

La qual cosa, peraltro, era vera, ma di questo particolare la De Wael venne a conoscenza soltanto dopo che il suo racconto fu scoperto non essere vero.

Quello che realmente successe fu che la bambina, durante gli anni, con l'aiuto di una carta geografica **fantasticò** su quale potesse essere stato il tragitto, il viaggio compiuto dai genitori dopo essere stati portati via dai nazisti.

Questa fantasticheria, nel tempo, ha preso posto nella sua mente **come se**... come se i fatti che poi ha messo per iscritto fossero realmente accaduti.

Sono state vagliate molte ipotesi su cosa possa essere successo nella mente della piccola, ma sono in molti a sostenere che quella raccontata sia una verità, chiamiamola così, **soggettiva**.

È chiaro che una verità soggettiva soccombe, ha valore minimo rispetto alla realtà dei fatti come sono davvero accaduti, però - se vogliamo capire in modo intelligente come funziona il mondo - non possiamo semplicemente archiviare il tutto con una scrollata di spalle e con la solita frase di chi non ragiona a fondo :*"Ah, allora è una stupidaggine..."*.

Bisogna, invece, riflettere sul fatto che la coscienza di ciascuno di noi, le opinioni, le credenze, anche se non ne siamo coscienti, sono un continuo miscuglio di verità fattuali e di verità soggettive: in quel miscuglio viviamo, e da quel miscuglio che ciascuno di noi ha in testa derivano poi i comportamenti con i quali ci presentiamo al mondo.

Ma temiamo presente anche un aspetto che non è assolutamente secondario: **la credulità altrui.**

Mi spiego.

Saputo che il racconto della De Wael non era vero, era facile rendersi conto che, con tutta evidenza, anche gran parte degli episodi contenuti nel racconto, oltre a quello dei lupi, sono chiaramente non credibili.

Eppure, è enorme il numero di persone che si è lasciata commuovere dalla storia credendola vera, possibile, reale, e quindi accaduta.

Insomma: senza la generale predisposizione altrui - di pochi o di molti, dipende dalle circostanze - una verità solo soggettiva non potrebbe facilmente trasformarsi in realtà fattuale, obiettiva, avvenuta.

È del tutto probabile che la predisposizione a credere, anche da adulti, sia un residuo, peraltro gratificante, piacevole, del modo in cui si ascoltavano le favole da bambini: in sostanza, da piccoli si era coscienti che le storie narrate da genitori e nonni non erano vere, ma comunque colpivano, insegnavano e commuovevano.

Gli adulti che si sono lasciati trasportare dalla storia inventata della De Wael si sono mossi - per così dire - in una sorta di stato di ipnosi, assoggettandosi volentieri a parole e racconti emozionanti pur essendo sostanzialmente coscienti della loro **irrealtà.**

Un ultimo aspetto e poi chiudiamo questo discorso: secondo alcuni commentatori, il racconto della De Wael, che nella sua testa era diventata una semi-realtà, è servita alla scrittrice ad esprimere, pur molti anni dopo l'accaduto, il dolore straziante per la scomparsa dei genitori.

Dalla finzione, insomma, la De Wael ha ricevuto un beneficio, così come l'hanno ricevuto anche le tante persone che hanno letto il racconto o hanno visto il film, e hanno goduto della commozione che ne è derivata.

In poche parole, le *fake news*, le notizie falsa non comportano necessariamente soltanto conseguenze negative.

Qui concludiamo il discorso con riferimento a quello che **ciascuno di noi** racconta di sé, a ciò che ciascuno di noi fa credere di sé.

Insomma, le maschere di cui parlava Pirandello non sono soltanto quelle indossate dagli altri: ed è cosa buona e salutare prendere coscienza del fatto che anche noi - ciascuno di noi - non dice tutto di sé, dei propri pensieri e delle proprie opinioni.

A volte, in casi che possono addirittura sconfinare nel patologico, si raccontano bugie su se stessi … anche a se stessi.

Ma lasciamo stare il campo del mentire a se stessi; restiamo nel campo del nascondere tutta la verità agli altri.

Nessuno sa mai tutto di noi, e probabilmente questo è un aspetto fondamentale nelle relazioni sociali.

Se esistesse davvero la capacità di leggere nel pensiero altrui, è del tutto certo che molti dei pensieri di ciascuno di noi rovinerebbero i vari rapporti economici, familiari e lavorativi.

Quindi, è socialmente indispensabile che i nostri veri pensieri vengano, talvolta (o magari il più delle volte) corretti, edulcorati, "aggiustati", ogni volta che devono essere messi in parole ascoltate da altri.

Anche quello che raccontiamo di noi, del nostro passato, delle nostre relazioni, dei nostri diverbi, viene il più delle volte raccontato a nostro vantaggio: ed anche questo è un aspetto ovvio, visto che è del tutto naturale che - da buoni avvocati di se stessi - prima di tutto difendiamo il nostro punto di vista nelle varie questioni.

Ricordiamo anche un aspetto di, chiamiamola così, economia comportamentale.

Sarebbe praticamente impossibile raccontare tutti i retroscena, tutto l'accaduto che ha contribuito a formare una nostra opinione o un comportamento adottato nel nostro passato.

Per esemplificare: quando si esce per la prima volta con un possibile nuovo partner, non è ovviamente possibile raccontargli/raccontarle ogni dettaglio della nostra vita.

Si abbrevia, si taglia, si scelgono soltanto poche e importanti esperienze da raccontare, si fa una selezione, si corregge qui e là, evitando le cose brutte ed evidenziando le belle, magari mentendo un po' e, se necessario, mentendo tanto.

È normale "aggiustare" i racconti della propria vita, lo fanno tutti, ed è comprensibile.

Sappiamo che qualcosa si nasconde, e a volte si mente anche, nel primo incontro col nuovo partner, così come succede in ogni relazione interpersonale, a livello commerciale o amichevole o familiare.

Allora, non dimentichiamo mai di non prendere per oro colato quanto ci viene raccontato dagli altri, in nessuna occasione, chiunque essi siano: teniamo presente, **sempre**, l'aspetto di aggiustamento a proprio favore che tutti compiono nel raccontare gli avvenimenti.

Lo so, si tratta di un consiglio banale, di un accorgimento ovvio, ma è comunque sempre bene ricordarlo, soprattutto quando qualcuno chiede il nostro consiglio su un aspetto della sua vita: non diamo mai per scontato che quello che ci chiede sia quello che vuole veramente sapere, né che tutto quello che ci racconta sia la pura verità.

Purtroppo non è questa la sede per parlare degli accorgimenti da adottare, in un colloquio, per arrivare ad avvicinarsi il più possibile alla verità oggettiva di chi ci sta di fronte: questi discorsi specifici sono svolti in altre sedi.

Qui rimarchiamo solo questo *input*, questo allarme: non considerare mai del tutto corrispondente alla verità qualsiasi narrazione, da qualsiasi parte provenga, perché tutte le narrazioni risentono delle percezioni soggettive, che pertanto rendono soggettive le stesse narrazioni.

Ma veniamo ad un aspetto ulteriore della questione vero/falso.

Abbiamo visto che edulcorare a proprio vantaggio il racconto della realtà appare giustificabile.

Dobbiamo allora chiederci se ci sia un limite, oltre il quale l'aggiustamento dei dettagli del racconto non è più eticamente accettabile.

In poche parole, direi che può essere considerata del tutto scorretta la presentazione di una realtà che non ha **alcuna** corrispondenza con i fatti.

Mi spiego.

Se ho vinto delle gare a livello nazionale di un certo sport, posso *en passant* dire di essere stato campione italiano, anche se non ho mai vinto **quella specifica competizione** chiamata espressamente Campionato italiano. Se nelle gare nazionali che ho vinto ho battuto tutti quelli che hanno anche vinto i vari e "veri" Campionati Nazionali, alla gente - che magari di quello sport non sa niente - in fondo, e sempre che ci tenga, interessa sapere qual era il mio livello in quello sport.

E quindi dire che sono stato uno dei campioni italiani si discosta in modo irrilevante dalla realtà, e contemporaneamente trasmette un'informazione giusta sul mio livello di competenza in quello sport.

Se però dico di essere stato campione europeo o mondiale, è chiaro che mento spudoratamente, e bene farebbe la gente a qualificarmi in modo poco gentile.

Un esempio di un modo di fare non etico l'abbiamo visto quando, in un post precedente, abbiamo esaminato il caso di coloro che, sui social, acquistano migliaia o decine di migliaia di like finti, fasulli, non veri, per mostrare di sé un'immagine di notorietà che non corrisponde in alcun modo alla realtà.

Attenzione, questi sono argomenti banali soltanto a prima vista.

Appartengono, invece, a ragionamenti di psicologia sia

individuale che sociale, e sono di base per chi di voi sia già o tenda a diventare un punto di riferimento per gli altri.
Non sottovalutate queste riflessioni.

Per il momento vi invito ad una sorta di autoanalisi su tutto quanto abbiamo detto, su quanto e su cosa nascondiamo o edulcoriamo in pubblico in relazione alla nostra immagine.
E ricordiamo di restare sempre attenti a non superare il limite dell'eticamente lecito… altrimenti prima o poi si fa la fine della Defonseca o di quelli che comprano i *like* inesistenti.

Ah, avevo dimenticato di finire il discorso riguardante la menzogna di Chateaubriand, che scrisse di aver incontrato a tu per tu George Washington: in realtà quell'incontro non avvenne mai, quantomeno nei termini narrati dal francese.
In sostanza, Chateaubriand raccontò di aver parlato in termini cordiali con il presidente americano. E raccontò con dovizia di particolari questo episodio per accreditarsi, in qualche modo, lui, giovane politico francese "emergente".
Se l'incontro avvenne - e qualche storico mette in dubbio l'intero episodio - si trattò esclusivamente di un veloce scambio di convenevoli formali, che con ogni probabilità non lasciò memoria nel presidente americano.

La morale è la solita: mai prendere alcunché per oro colato, soprattutto quando si tratta di informazioni non comprovate o controllabili.

10

IL BUON ORSON
E QUELLO CHE NON TUTTI SANNO

Voglio ancora dirvi qualcosa in merito a racconti creduti veri, anche perché ho da darvi una piccola buona notizia, che riguarda noi, interessati a questi argomenti.

Questa volta le cose, come vedrete, sono un po' più elaborate del *"Lui ha detto una cosa che non è vera"*.
Si tratta di un'informazione che forse non tutti conoscono, anche se il caso "principale" è arcinoto.
Come si sa, la sera del 30 ottobre dei 1938, l'allora giovane Orson Welles, poi diventato celeberrimo regista, attore e drammaturgo, trasmise per radio, in forma di finta telecronaca, il racconto di uno sbarco di alieni sulla Terra.
Il racconto era tratto da un'opera, *La guerra dei mondi*, di un quasi omonimo di Orson Welles, parlo dello scrittore Herbert George Wells.
Ciò che è passato alla storia è che la trasmissione radiofonica fu così realistica da gettare nel panico un numero elevatissimo di radioascoltatori, che credettero davvero nell'invasione della terra da parte di alieni che uccidevano chiunque degli umani capitasse a tiro.
Questo avvenimento è raccontato quasi ogni volta che si vuole portare un esempio della forte influenza che i media possono avere sulla popolazione.
Ora, al di là del discorso sull'influenza dei canali di informazione, limitiamo qui il discorso, e diciamo innanzitutto che sono ancora in molti a credere alla storia degli americani terrorizzati che scappavano di qua e di là nella notte, in preda al panico.
Ma bisogna anche dire che, invece, è stato ampiamente dimostrato che, in realtà, quella tramandata - e, ripeto, quella che ancora da alcuni o molti viene ritenuta vera - è una versione dei

fatti che non corrisponde alla realtà: semplicemente, quella sera non ci fu alcun panico nella popolazione americana, e se alcuni casi di spavento ci furono da parte di quelli che non capirono che si trattava di un racconto di fantascienza, questi casi furono pochissimi e collegati non alla possibile invasione aliena, quanto al timore di attacchi da parte di altre nazioni.

Insomma, se si va ad esaminare ciò che realmente è successo - cosa che alcuni indagatori hanno fatto - si viene a conoscenza di alcuni particolari che sgonfiano l'entità del caso.

Intanto c'è da dire che nella programmazione delle trasmissioni radiofoniche di quel giorno era chiaramente indicato che sarebbe andato in onda il diciassettesimo episodio di lettura di un classico della letteratura.

Addirittura, una mezz'oretta prima dell'inizio della trasmissione l'emittente radiofonica precisò che quella che sarebbe stata trasmessa era soltanto finzione.

Tra l'altro, quella serie radiofonica non era tanto seguita, perché la maggioranza del pubblico preferiva sintonizzarsi su altro, e infatti da un sondaggio è emerso che il 98% degli ascoltatori quella sera aveva seguito altri programmi.

In più, di coloro che telefonarono alla polizia - nel dubbio che si trattasse davvero di un notiziario - praticamente tutti chiesero semplicemente informazioni.

Insomma, se qualche caso di panico ci fu, si trattò di casi assolutamente isolati.

Eppure, quello che è stato tramandato è che furono tantissimi a credere nell'invasione aliena, a spaventarsi a morte, a scappare sui monti, ad imbracciare le armi e così via.

Cosa successe? Semplicemente, accadde che qualche giornalista, saputo di qualche sporadico caso di reale spavento all'ascolto di quella che credevano una vera radiocronaca, pubblicò la notizia, ingigantendola...

Le notizie vanno sempre un po' gonfiate, si sa... un po' per vendere più copie, ma anche per la rivalità che in quegli anni c'era tra la carta stampata e il nuovo mezzo radiofonico.

E i giornalisti non persero l'occasione di segnalare al pubblico la pericolosità che la radio poteva avere nel condizionare psicologicamente le masse.

La notizia si ingigantì col passare del tempo, anche perché sul fuoco soffiò lo stesso Orson Welles, ovviamente interessato ad acquisire fama dalla sua trasmissione.

Insomma, una notizia sostanzialmente non vera si trasformò in verità assodata.

Ma come abbiamo visto, il tutto è stato poi ridimensionato da chi ha approfondito ciò che è realmente successo.

La cosa per noi interessante è che è stato anche appurato che coloro che, diciamo così, non sono cascati nell'inganno erano gli ascoltatori di **maggiore cultura**.

In altre parole, i meno ingannati sono stati coloro che avevano sviluppato, attraverso la cultura, maggiore capacità di pensiero critico.

È per questo che, all'inizio, ho detto che avevo da darvi una buona notizia: tutti noi che amiamo e coltiviamo questo tipo di studio - sostanzialmente, la capacità di analisi e di attenzione su problemi diversi - siamo meno ingannabili, siamo più protetti rispetto a coloro che vivono non curandosi di questi aspetti del sapere.

Proprio per questo, allora, ho deciso di proporvi nelle prossime pagine un argomento su cui c'è molto da discutere, e che invece viene dato per scontato ed acquisito da... praticamente tutti, sicuramente anche da molti di voi.

Vedremo se, esaminandolo, qualche dubbio sulla sua veridicità verrà anche a voi.

INTERMEZZO
(prima dell'argomento importante di cui vi dicevo)

IGNORANZA, MALAFEDE
O MANCANZA DI PENSIERO CRITICO?

Ricevo, da un amico, la segnalazione che sui social circola la notizia secondo la quale il medico del Papa (!) si è dichiarato favorevole all'eutanasia di vecchi e incapaci d'intendere e volere. Mi ha inviato il post che vedete nell'immagine.

ECCO SERVITA L'EUTANASIA PER I NOSTRI VECCHI 😱

█████████ - 16 novembre 2023

Sentite le aberranti parole di uno che andrebbe prima rinchiuso, e per sicurezza, castrato chimicamente!

Ce lo dicono candidamente in faccia, ben sapendo che i mentecatti non capiranno, ma lo fanno per spalancare la **Finestra di Overton** sull'eutanasia.

Esattamente come sta già avvenendo in altri paesi. D'altronde la linea mondialista è questa!

Chi parla è il dottor **Roberto Bernabei**, geriatra nonché medico personale del papa, il gesuita di Roma! E questo è tutto dire...

"Signori oggi in Italia ci sono 805.000 ultra novantenni, di questi quasi 600.000 sono donne, la metà delle quali sono dementi. I letti nelle RSA in Italia sono 315.000. Fatevi due conti, vista la denatalità, queste donne sole e dementi possono solo che aumentare. Il rischio eutanasia è quello che pavento fortissimo perché è veramente complicato sostenere questi costi"

Il post riporta le parole - probabilmente un estratto di un discorso più lungo - di Roberto Bernabei, medico personale del Papa.

Anche ammettendo che le parole siano riportate fedelmente - ma non è questo che mi interessa mettere in dubbio - la conclusione dell'autore del post è netta: si tratta di "parole aberranti di uno che andrebbe prima rinchiuso e, per sicurezza, castrato chimicamente", perché quelle parole sarebbero un invito a praticare l'eutanasia di vecchi e dementi.

Probabilmente, l'equivoco deriva dal credere (erroneamente) che "paventare" significhi "auspicare".

Al contrario, significa temere, non volere.

Ovvio, quindi, che la frase del "medico del Papa" assume un altro significato, OPPOSTO a quello denunciato.

Come cultori del ragionamento intelligente, saprete cogliere le gravi implicazioni sociali della circolazione di "scoop" del genere, che vanno a danno di una massa di persone che non riesce a distinguere cose vere da bufale evidenti.

(Per capire che si tratta di una bufala, bastava/basta chiedersi se realmente è concepibile che il "medico del Papa" possa davvero auspicare la soppressione degli anziani e degli ammalati...)

Domanda: voi sareste cascati nell'equivoco?

12

POSSIBILITÀ = PROBABILITÀ = CERTEZZA ?

È ovvio, naturale, logico, intelligente reputare "certa" - e addirittura definirla "certezza scientifica" - una cosa (un avvenimento, un fenomeno...) che è semplicemente "possibile"?

Secondo voi, l'Evoluzionismo (così come diffuso/propagandato) è fenomeno certo, avvenuto, indiscutibile?
L'11 febbraio del 2023 ho partecipato, come correlatore, ad un incontro tenutosi presso la Chiesa Evangelica di Vicenza, durante il quale sono stati trattati alcuni temi (v. l'immagine che segue).
Durante la serata, io ho parlato della (non) "certezza" delle teorie evoluzioniste.

Quella che segue è la trascrizione di alcuni passaggi della mia relazione.
Vi prego di tenere conto che si tratta di una trascrizione semplice, senza correzioni linguistiche.
Sapete bene, ovviamente, che il parlato ha forme colloquiali, pause, sintassi, ecc. non sempre compatibili con un testo scritto in modo esemplare.

Di conseguenza, vi invito a prendere "il succo" dei miei ragionamenti sviluppati durante la conferenza - sempre ammesso che per voi ci sia un succo nei miei ragionamenti - sorvolando sulla forma espositiva.[2]

L'EVOLUZIONISMO, TRA CERTEZZA E DUBBIO
(trascrizione di parti della conferenza)

"L'origine della vita e l'Evoluzionismo sono materie per le quali servirebbe avere una qualche competenza, per poterne parlare.
Quali sono le mie competenze in merito?
Io non sono né uno scienziato, né un teologo, e neanche un filosofo.
Io sono uno che di queste materie sostanzialmente non sa nulla, se non poche cose che mi diletto a leggere.
(...)
Io sono l'uomo comune, che sente parlare di queste cose e qualche domanda se la fa, cerca di informarsi, e arriva a delle conclusioni che non sono né scientifiche, né teologiche, ma sono di "ragionamento critico", di "pensiero critico".
Le mie competenze non sono quindi rilevanti, e per questo io parlo attraverso le voci di scienziati che sono a favore di alcune ipotesi, e di altri scienziati che sono a favore di ipotesi completamente opposte.
(...)
Noi ci troviamo, nella società, di fronte a risposte ritenute **certe** sull'origine della vita e sull'evoluzione. Sono risposte che troviamo nei libri di grande diffusione, anche libri scolastici.
(...)
Ci sono delle "cose" che passano per certe.
A Padova, dove ho abitato per molti anni, hanno costruito in tempi recenti un ponte, chiamato Ponte Darwin, in una zona

---

2 Se siete interessati alla visione del video della conferenza, scrivetemi a info@aroldo.info

molto frequentata, vicino all'Ikea... una zona dove non so quante macchine passano ogni anno, ma credo tante... e tutti vedono questa immagine

con l'evoluzione dalla scimmia all'uomo... dopo non si sa dove si arriva...
E questa "cosa" viene data per assodata. Ed è logico che sia indubitabile... la mettono sul ponte... poi vicino all'Ikea, sono svedesi, figurati se non fanno le cose fatte bene...
(…)
Quindi, da una parte c'è la "scienza" (tra virgolette) che afferma queste cose, e poi ci sono le competenze di coloro che la pensano diversamente.
Ora, le competenze di coloro che la pensano diversamente sono sempre messe in dubbio.
I molti libri, documentari e conferenze che ho consultato e seguito sono ovviamente soltanto una parte infinitesimale del materiale esistente sull'argomento.

Ma emergono comunque alcune informazioni delle quali vorrei parlarvi.

La notizia fondamentale è che gli scienziati che si oppongono alle "sicurezze" della "scienza" sull'origine della vita e sull'evoluzionismo, che si oppongono alle "certezze" che vengono insegnate... sono tantissimi; e le loro pubblicazioni sono poco, pochissimo diffuse, e comunque mai citate nelle aule scolastiche dove, a mio parere, dovrebbero essere dette cose un pochino differenti da quelle che vengono normalmente dette.

(…)

Ad esempio, questo libro, *Evoluzionismo - Il tramonto di una ipotesi*.

Leggo dalla quarta di copertina: *"Queste pagine sono il frutto di un convegno tenutosi a Roma nel 2009, su iniziativa della vicepresidenza del Consiglio Nazionale delle Ricerche, con la partecipazione di studiosi internazionali. Gli autori, contrariamente ai numerosi incontri celebratiuvi che hanno segnato l'anno darwiniano, non tessono il panegirico dell'evoluzionismo, ma ne mostrano le debolezze da vari punti di osservazione: le scienze filosofiche, biologiche, fisiche, chimiche"*.

Quest'altro libro, *Evoluzione - Un trattato critico*, scritto da due biologi, Junker e Scherer, contiene interventi anche di altri scienziati, chimici, paleontologi, antropologi, botanici, microbiologi, embriologi, informatici, ecc.ecc.

Questo volume e il precedente sono pieni zeppi di informazioni specifiche, e quindi potrebbero necessitare di molto tempo per una lettura attenta...
Chi, invece, volesse leggere un libro più "veloce", potrebbe procurarsi questo testo di Daniel de Brienne, dal titolo sufficientemente inequivocabile: *Per finirla con l'Evoluzionismo*.

(…)

Io, come praticamente tutti, sono stato formato in scuole dove si insegna che l'evoluzionismo è una realtà e quindi, come tale, non è discutibile.

Con l'evoluzionismo, a scuola ho imparato che la vita sorse dalla materia inerte, dal "brodo primordiale",… e poi, nel tempo, mi sono trovato di fronte a informazioni del tutto contrastanti con quanto avevo imparato.

Questo articolo, ad esempio, tratto dal giornale *La Stampa* del 31 ottobre 2008, firmato da Telmo Pievani che, come potrete vedere su Wikipedia, è un sostenitore delle teorie darwiniane.

Nel testo, che comunque, conferma le ferree convinzioni evoluzioniste dell'autore, viene detto che, per qualche motivo inesplicabile, il cervello umano tende a rifiutare l'ipotesi evoluzioniste.

Questa è l'immagine dell'articolo

Ma il nostro cervello non crede a Darwin

...voluzionismo di fronte allo strapotere del "progettista del mondo"

Analisi

TELMO PIEVANI

Scienza e credenza un dissidio senza soluzione

Con o senza Dio tutto è permesso, ma sembra proprio che la mente di Homo sapiens sia «nata per credere» in entità intenzionali sovrannaturali e in recondite finalità nascoste dietro i fenomeni naturali. Dati convergenti provenienti dalla psicologia dello sviluppo, dall'antropologia cognitiva e dalle neuroscienze suggeriscono l'esistenza di una programmazione biologica delle nostre menti per distinguere naturalmente le entità inerti (come gli oggetti fisici) da quelle di natura psicologica (come gli agenti animati) e per l'attribuzione, in alcuni casi, l'eccessiva attribuzione di scopi e di intenzioni di oggetti animati e inanimati. Non è azzardato ipotizzare che queste nostre specializzazioni adattative possano essere alla base delle perplessità ingiustificate che molti nutrono nei confronti della teoria dell'evoluzione e più in generale delle spiegazioni scientifiche. Lo stesso Charles Darwin era rimasto colpito dall'efficacia comunicativa delle descrizioni finalistiche della natura che aveva letto in gioventù. Quando capì di avere scoperto un meccanismo, la selezione naturale, che rendeva superfluo il ricorso a qualsiasi progettista -

quella umana - fu subito consapevole che in questo modo stava contraddicendo non soltanto le credenze religiose creazioniste dell'epoca, ma anche modi molto comuni di pensare.

Gli esseri umani amano le spiegazioni basate sulle intenzioni, come se avessero un sensore sempre acceso per captare la presenza di propri simili o per prevedere le mosse di nemici esterni. Il disegno intelligente attrae perché fa leva sulla docilità con cui siamo portati a fare inferenze riguardanti gli effetti dell'azione nascosta di un agente animato e intelligente. Questi sistemi cognitivi si sono evoluti successivamente per assolvere funzioni nuove, legate al nostro bisogno di spiegare attraverso storie e agenti invisibili i fenomeni incomprensibili o molto dolorosi che ci sovrastano, come la morte di un familiare o di un compagno.

Per affrontare tali fenomeni abbiamo ingaggiato le competenze cognitive che avevamo a disposizione, le abbiamo sfruttate e potenziato, divenendo autentiche «macchine di credenze». La soddisfazione di bisogni psicologici, sociali e di comprensione del mondo è stata così forte da tramutarsi oggi in quel senso comune che la scienza talvolta si trova a dover scalfire, magari senza successo. Darwin lo scrive amaramente in una lettera all'amico Thomas Henry Huxley del 21 settembre 1871: «Sarà una lunga battaglia, anche dopo che saremo morti e sepolti... grande è il potere del fraintendimento».

Le ragioni del successo popolare del disegno intelligente non sarebbero quindi legate soltanto alle patologie del cred...

forse recuperiamo da vecchi. Attraverso le nostre inferenze intuitive circa l'esistenza di un progetto sottostante, cerchiamo di dare un senso alla realtà ripercorrendo a ritroso catene causali e finalità nascoste, indietro fino alla causa prima e al sommo progettista.

Il creazionismo risponde evidentemente a esigenze profonde, oltre che a interessi sociali e politici. I sondaggi statunitensi confermano che la dottrina del disegno intelligente gode di ottima salute e che continua a fare proseliti, anche nei campus universitari. La battaglia per promuovere l'insegnamento delle due «scuole di pensiero» alternative come se fossero sullo stesso piano - attraverso petizioni di genitori, campagne di stampa e altre iniziative di controinformazione e di pressione - può persuadere un governatore a legiferare favorevolmente, come è capitato ancora nel luglio del 2008 in Louisiana. Ciò che impressiona è che si tratta in questo caso di un politico molto giovane, di origine indiana, convertito al cattolicesimo. Come per Sarah Palin, candidata repubblicana alla vicepresidenza degli Stati Uniti dalle rocciose convinzioni filocreazioniste, siamo piuttosto lontani dal profilo antropologico del vecchio integralista evangelico della «cintura della Bibbia».

[...] Come scrisse Richard Dawkins in *L'orologiaio cieco*, «è quasi come se il cervello umano fosse stato specificatamente progettato per fraintendere il

e l'immagine nella pagina che segue riporta la parte del testo che ci interessa particolarmente.

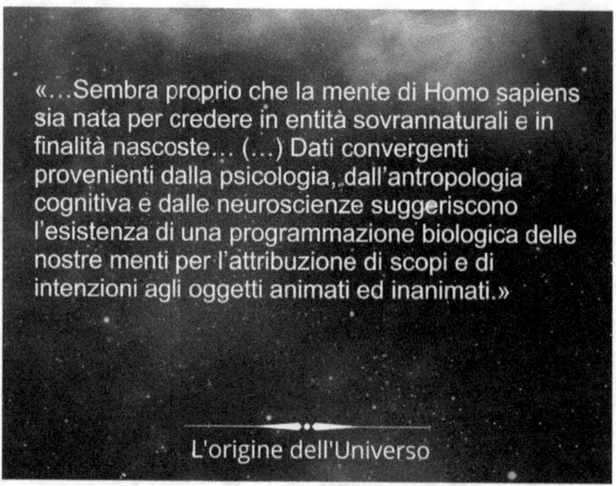

In sostanza, dentro di noi c'è una *predisposizione* **a credere in una entità sovrannaturale** (leggi **Dio**), e si suppone anche che "esista **una programmazione biologica delle nostre menti ad attribuire scopi ed intenzioni"** a ciò che ci circonda. Pievani prosegue con

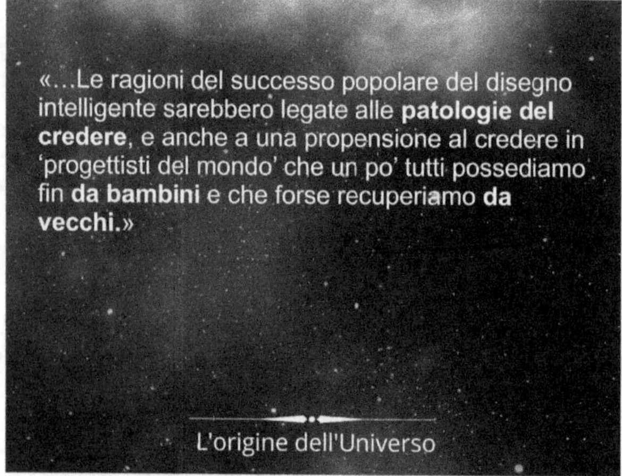

Pievani qui tenta di recuperare.

Il "credere" in un disegno intelligente sarebbe una patologia, una disfunzione, una sorta di malattia; questa disfunzione che ci fa

propendere a credere in "progettisti del mondo" la possediamo
un po' tutti fin da bambini (quando non si capisce, sembra
suggerire l'autore) e che poi si recupera da vecchi (quando non si
capisce, sembra ri-suggerire l'autore).
Insomma, il "credere" è associato a incapacità di ragionamento,
secondo Pievani.
Prendiamo per non buono ciò che dice Pievani, e andiamo
avanti.
(…)
Passiamo ad una delle questioni controverse: la vita da dove
deriva?
Deriva dalla materia inerte per "caso", come sostengono i "non
credenti"?
E, se così fosse... come è possibile?
Attraverso quale meccanismo?
Nei libri di scuola, quelli sui quali vengono indottrinati bambini e
ragazzi, si legge che la vita deriva dalla non vita, perché si è
sviluppata casualmente nel cosiddetto "brodo primordiale".
La quale tesi si vuol far credere essere quella sostenuta da tutti gli
scienziati (non è così, naturalmente, ma la "confezione" dei libri
scolastici lascerebbe pensare all'esistenza di prove in merito).
Al di là dei libri scolastici, è bene ricordare che tesi fortemente
dibattute (e invece date per scontate) vengono riproposte come
oro colato in volumi e trasmissioni di grandissima diffusione (che
poi, si sa, formano le "convinzioni" diffuse, così come neanche
tanto subliminalmente fa il Ponte Darwin di cui sopra).
In un libro di Piero e Alberto Angela[3] si parla della nascita della
vita.
E lo si fa in modo - a mio parere - non del tutto limpido.
Mi spiego meglio.
Nelle prime quaranta pagine del libro si parla dell'origine della
vita sulla Terra, e viene data per sostanzialmente ovvia l'origine
della vita dal "brodo primordiale".

---

3 Piero e Alberto Angela, *La straordinaria storia della vita sulla terra*, Mondadori,
1992.

Ma, più o meno a metà del discorso (a pagina 29 dell'edizione in mio possesso), fa capolino la frase: " (…) *le* **difficoltà** *sono davvero* **notevoli** *per pensare che il* **montaggio spontaneo della vita** *possa aver avuto luogo direttamente nel brodo pre-biotico* **grazie a semplici agganci casuali**".

Ma poi, serenamente, il discorso prosegue sulla linea della casualità della nascita della vita dalla non-vita, attraverso brodi, tuoni, fulmini e ipotizzati agganci a caso tra prodotti chimici vari.

(…)

È un po' come se io dicessi *"Sono sicuro che X ha ucciso Y... Però non sono sicuro. Ma sono sicuro"*.

Boh...

Vediamo cosa dicono su Wikipedia, a proposito dell'abiogenesi, cioè della vita che deriverebbe dalla non-vita:

*"L'***abiogenesi** *(dal greco a-bio-genesis, "origini non biologiche"), o informalmente l'***origine della vita**, *è il processo naturale con il quale si ritiene che la vita si origini a partire da materia non vivente, come semplici composti organici. (...)"*.

Ma se si va poi a leggere il lungo testo che segue, si scopre che - come già visto per il libro degli Angela - anche l'enciclopedia online, dopo aver detto che certamente X ha ucciso Y... dice poi che la cosa non è certa.

Infatti, dice (scrive):

"La questione più difficile è spiegare come da questi semplici composti organici, concentrati nei mari in un brodo primordiale, poterono formarsi delle cellule dotate dei requisiti minimi essenziali per poter essere considerate viventi (…). La ricostruzione della storia della vita presenta ancora molti interrogativi (...)"

Tenete anche presente che - se andate a controllare la pagina di Wikipedia che stiamo esaminando, cosa che vi consiglio di fare - troverete l'elenco di un considerevole numero di ipotesi che sostanzialmente si escludono a vicenda, e di esperimenti che, ovviamente, non hanno portato a nulla di significativo, a proposito della dimostrazione che la vita può derivare dalla non-vita. Il che, quantomeno, dovrebbe far riflettere chi vuole riflettere.

Insomma, in parole povere, quando si viaggia tra presunte certezze ed evidenti incertezze, significa che le certezze vere non ci sono, anche se si vorrebbe tanto che ci fossero.

E dell'ipotesi opposta, cioè quella del Disegno intelligente, non v'è mai traccia alcuna, neanche nei libri di testo che vengono fatti studiare a scuola..

(…)"

La conferenza dalla quale ho tratto questo breve scritto racconta molte cose, a proposito della controversia tra scienziati - ripeto: tra scienziati, non tra gli scienziati e il povero sottoscritto - sull'origine del Tutto, della Vita e delle teorie darwiniane.

È chiaro che all'argomento andrebbe dedicato un intero e voluminoso lavoro, cosa che prima o poi mi piacerebbe fare.

Per il momento, se avete voglia di guardare il video intero della mia conferenza, scrivetemi a info@aroldo.info e, se sarà ancora possibile, vi dirò come eventualmente fare per accedere al filmato.

Ciò che qui è importante notare è che questo argomento è direttamente collegato alle domande fondamentali

- Chi siamo? Creature o insieme casuale di cellule aggregatesi per pura combinazione?

- Qual è la nostra origine? Il Caos o una qualche Intelligenza?

- L'Esistente ha un significato, o non ha alcun senso?

- Se ha un significato, qual è?

- Se nulla ha un significato, cosa ci spinge ad amare?

E mille altre domande pertinenti pretendono una risposta.

È chiaro che una mente critica, intelligente, davvero razionale non può far finta di non saperlo.

13

KASIA E I RAGIONAMENTI FORZATI

Come abbiamo visto, è facile prendere lucciole per lanterne se non si mette in azione il pensiero critico, che è semplicemente l'analisi logico-razionale di un caso, di una notizia, di un avvenimento.

Potremmo chiederci, allora, quante sono le informazioni - centinaia al giorno, se siamo attenti a ciò che succede nel mondo - che, in mancanza di pensiero critico, possono fornire informazioni (o direi piuttosto "induzioni") errate, incomplete, fondate su opinioni del tutto... opinabili, e spacciate come "verità"; e CREDUTE VERITÀ da un osservatore poco attento.

Tutto ciò non toglie, naturalmente, che dopo un'analisi critica quelle opinioni possano poi apparire/dimostrarsi del tutto corrette. Dico soltanto che PRIMA dell'analisi, prima della verifica, alcune notizie vanno soppesate attentamente, anche perché possono rivelarsi (e spesso si rivelano) prive di fondamento.

AL DEBUTTO COME REGISTA

Kasia Smutniak: «Io sottovalutata, come sempre le capacità di una donna si mettono in dubbio»

di Ginevra Barbetti

È apparsa in questi giorni (novembre 2023) una notizia: l'attrice Kasia Smutniak ha detto (riporto il titolo di un articolo del Corriere della sera, che non è l'ultimo giornalino scolastico):

"Io sottovalutata, come sempre le capacità di una donna si mettono in dubbio".

Il commento, come appare nel trafiletto in alto sopra la frase, è in relazione al debutto della Smutniak come regista.

Inutile addentrarsi nella valutazione sociologica del punto che il titolo vuole rimarcare dandolo per assodato, e cioè che le capacità delle donne vengono SEMPRE messe in dubbio.

Per il momento vorrei soffermarmi su un aspetto, che secondario proprio non è.

Se avrete la pazienza di andare su Wikipedia e cercare Kasia Smutniak, vi apparirà un lungo elenco di film e di serie televisive alla quale l'attrice ha partecipato, e una lista di premi e riconoscimenti che le sono stati assegnati.

La Smutniak è stata chiamata a lavorare, tra gli altri, da Sorrentino, Özpetek, dai fratelli Taviani, Mazzacurati, Francesca Archibugi, Soldini (e non continuo con la lista), e vanta vittorie e candidature ricorrenti al David di Donatello, al Nastro d'argento e al Globo d'oro.

Non so a voi, ma a me non pare proprio che le sue capacità siano state sottovalutate...

È per questo che mi fa strano sentir dire, da lei, che le donne vengono SEMPRE sottovalutate, che le capacità delle donne vengono SEMPRE messe in dubbio.

Si potrebbe obiettare: "Eh, ma lei si riferiva *al fatto di voler dirigere un film*".

Ma anche questo punto appare, più che debole, insussistente.

Nella vita ho affrontato - come tutti voi, maschi o femmine che siate - colloqui, esami e valutazioni.

A volte ho avuto successo, a volte no.

Quelle volte in cui lavorativamente mi sono state preferite altre persone, non di rado si trattava di donne.

Ma a parte questo aspetto, bisogna tener conto di una questione: nel momento in cui ci si propone per un certo ruolo (attrice, regista, impiegato in Posta, babysitter, ragioniere, illusionista, domatore o quello che volete), l'esame, il colloquio, l'indagine sulle capacità sono, semplicemente e ovviamente, si basano su un fattore: le capacità vantate dai candidati VENGONO MESSE IN DUBBIO (altrimenti, com'è ovvio, non avrebbe senso l'esame).

Anzi: sarebbe stupido o incosciente affidare un ruolo qualsiasi a qualcuno su cui non si sia indagato a sufficienza.

E quale sarebbe quel matto che preferirebbe assegnare un ruolo ad un uomo incapace piuttosto che a una donna capace?

E comunque sia, personalmente conosco due maschi, aspiranti registi, che non hanno mai trovato finanziatori o possibilità concrete per realizzare il proprio sogno.

Maschi, ripeto, quelli che, secondo la vulgata, sarebbero i privilegiati a prescindere.

Per inciso, non ho nulla contro la Smutniak.

Anzi, è una delle mie attrici preferite (soprattutto nella serie tv *In Treatment* - se vi capita, guardatela).

Il discorso riguarda, qui, la possibilità, frequentissima, che si diano per scontati, per assodati, per certi dei punti che sono invece, semplicemente, opinioni.

Opinioni, poi, che vengono sconfessate da quelle stesse situazioni che dovrebbero comprovarle!

Un disastro della logica, insomma.

Credo interessante riportare, nella pagina che segue, un intervento dell'amico Paolo Storti in relazione all'argomento in oggetto.

Il titolo del Corriere della Sera, che Aroldo ha riportato, e che cito di nuovo per completezza: "*Io sottovalutata, come sempre le capacità di una donna si mettono in dubbio*" è facilmente confutabile, da un punto di vista logico, nella parte che afferma: "*Come sempre le capacità di una donna si mettono in dubbio*".

Basta infatti individuare un contro-esempio per falsificare tale affermazione.

Trovare un contro-esempio in questo caso è estremamente semplice: basta infatti considerare il fatto che molte violenze e discriminazioni contro le donne sono scaturite proprio dalla consapevolezza delle loro capacità, capacità che rendevano tali donne un pericolo reale, da reprimere, per chi le osteggiava.

Ad esempio la matematica, astronoma e filosofa neo-platonica Ipazia è stata massacrata nel 415 da una folla di fanatici cristiani perché considerata una eccellenza del mondo scientifico pagano.

Se infatti così non fosse stata, non sarebbe stata un pericolo per il dogmatismo religioso/politico dell'epoca e forse sarebbe passata inosservata o quanto meno non sarebbe stata così ferocemente assassinata .

La facile confutabilità dell'affermazione in oggetto è proprio dovuta all'uso dell'avverbio "sempre" (che indica "con continuità ininterrotta", "senza termine di tempo", ecc.); molto meglio sarebbe stato usare qualcosa come: "molto spesso", "frequentemente", ecc. .

È opportuno osservare che le generalizzazioni vanno utilizzate con estrema cautela, e se e solo se si sia in grado di dimostrarle rigorosamente, altrimenti rappresentano pregiudizi e/o luoghi comuni.

Per chi fosse interessato a come si modella una frase di questo tipo nella logica formale, si può consultare https://it.m.wikipedia.org/wiki/Logica_modale, in particolare il paragrafo relativo a "Modalità temporali".

14
SARÀ VERO

Torno velocemente su un punto già trattato, ma fondamentale nell'allenamento alla valutazione critica di quanto ci circonda (e, nella fattispecie, delle informazioni dalle quali siamo sommersi).

Esiste un libro - che probabilmente ho già citato, e comunque coloro che hanno guardato il filmato della mia conferenza sull'evoluzionismo ne hanno conoscenza - che si intitola SARÀ VERO.

Senza punto interrogativo.

Affermazione: Sarà vero.

La frase che è sulla quarta di copertina del libro spiega sinteticamente il contenuto del volume: "*Dal Medioevo ai giorni nostri, tutte le menzogne, le bugie e i falsi che hanno cambiato, a un certo punto, il corso della storia*".

Il libro è molto interessante, e ne consiglio la lettura.

Ma non ne parlo qui soltanto per segnalarlo.

Ne parlo qui perché questo interessante volume è - a mio (sempre discutibilissimo) parere - la dimostrazione di come "il naturale istinto manipolatorio" sia sempre presente, ANCHE in chi scrive un libro che denuncia gli inganni.

Mi spiego meglio.

Il libro in questione, in sostanza, descrive il fenomeno per il quale una "notizia" del tutto infondata - o abilmente manipolata, o erroneamente tramandata - possa determinare ragionamenti e comportamenti errati.

In altre parole: qualsiasi informazione che si riceve può produrre (e il più delle volte produce) ragionamenti e comportamenti coerenti con quell'informazione, se la si ritiene valida e "conclusiva".

(Abbiate pazienza: queste premesse saranno chiare fra pochissimo.)

Leggendo il bel libro di cui parliamo, mi sono imbattuto in un racconto (che dura una paginetta e mezza) relativo a Silvio Berlusconi.

Ma facciamo un passo indietro.
Il capitolo 6 del libro si intitola "L'invenzione del nemico".
Conta 34 pagine, e tratta di libri e libretti di falsi diari, memorie, commenti ecc. attribuiti (falsamente) a imperatori, dittatori, governanti, per metterli in cattiva luce.
Nel capitolo vengono analizzati - con abbondanza di particolari - alcuni libercoli apocrifi, tra i quali uno attribuito falsamente alla penna di Napoleone Bonaparte.
Si tratta del (falso) commento scritto dal Bonaparte ai ragionamenti che Macchiavelli sviluppò nel suo *Principe*.
Titolo del volume (nell'edizione del 1816): *Machiavel commenté par Napoléon Buonaparte, Manuscrit trouvé dans la carrosse de Buonaparte, après la bataille de Mont-Saint-Jean, le 18 juin 1815.*
(Buonaparte, scritto con la u, all'italiana, com'era in origine il cognome di Napoleone.)
Questo libretto, **antinapoleonico**, preparato da un monarchico controrivoluzionario, Aimé Guillon, serviva semplicemente a mettere in cattiva luce Bonaparte, facendogli scrivere pensieri che lui… non aveva scritto.
L'autore di *Sarà Vero*, Errico Buonanno, sottolinea un aspetto importante: Guillon "sapeva tracciare un ritratto di Napoleone - pur nella truffa - inquietantemente veritiero, riprendendo i suoi tic, le pose, la psicologia".
Insomma, secondo Buonanno, Guillon, pur mentendo, faceva apparire Napoleone per quello che era: un invasato, crudele despota.
Scrive Buonanno: *"Ed ecco allora un Bonaparte generale della Francia rivoluzionaria che, quando il Principe diceva 'E' principati sono: o ereditari (…) o e' sono nuovi", aveva già ben chiari in mente i propri piani di dominio: "Tale sarà il mio, se Dio mi concederà lunga vita".*

E, ancora, "Napoleone" scriveva "*(…) viceré o re che non saranno altro che miei dipendenti: non faranno niente di più di quanto io ordini loro, altrimenti "destituito"* ".

Un'ultima frase rivelatrice: "*Le espressioni "idee liberali", "modo di pensare liberale", (…) sono di mia invenzione. Questo talismano inventato da me non scriverà mai ad altro che alla mia causa e intercederà sempre a favore del mio regno… (…) quanti stupidi si possono ingannare col falso appello alle idee liberali!*".

Uno psicopatico da evitare, insomma.

Bene, chi interviene nel racconto di Bonanno, a questo punto, a proposito di Napoleone dittatore psicopatico?

L'ho già detto: Silvio Berlusconi.

Al quale, in un libro di 412 pagine, e in un capitolo di 34 pagine, viene dedicata una paginetta e mezza, a proposito del falso libretto attribuito a Napoleone, che però, secondo Bonanno, sostanzialmente dice il vero a proposito di un despota invasato.

Come mai Berlusconi viene citato?

Viene citato perché, sembra - e dico "sembra" perché tra verità e mezze verità … bisogna indagare; ma su questo punto non ho tempo e voglia di indagare, per cui preferisco riportare col beneficio del dubbio - sembra, dicevo, che Berlusconi, nel dicembre del 1982, cioè sei mesi prima di fondare Forza Italia, abbia fatto stampare alcune copie del falso libretto in questione, quello di Guillon - "*giudicandolo* **interessante,** *per quanto certamente falso*" - per darle in omaggio ad un gruppo di amici per le feste natalizie di quell'anno.

E cosa disse/scrisse il buon Berlusconi, a proposito di quel libretto?

Buonanno racconta che per Berlusconi si restava **affascinati** "*davanti ai* **consigli machiavellici** *annotati dallo pseudo-Napoleone*".

Secondo Berlusconi, poi, bisogna fare come "*gli arcieri prudenti, che pongono la mira assai più alti che il loco destinato, per potere con l'aiuto di sì alta mira* **pervenire al disegno loro**".

Bisogna anche "*dare di sé in ogni azione* **fama di uomo grande e di uomo eccellente**".

La cura della propria immagine è di primaria importanza, perché *"ognuno vede quello che tu pari, pochi sentono quello che tu se'"*.
Annota Buonanno che Berlusconi, ritenendo "geniali" le raccomandazioni contenute nel libro (o, immagino, almeno alcune di esse), *"non poteva non riflettere sulla necessità (…) di donare al paese (Paese) un nuovo leader carismatico che fosse in grado di risollevarne le sorti"*, *"acciò che l'Italia, dopo tanto tempo, vegga il suo redentore"*.
Conclude Buonanno: *"Era il dicembre del '92. Sei mesi dopo veniva costituita (…) Forza Italia"*.
Bene.
Ragioniamo su tutto quanto detto finora.

Ragioniamo su tutto quanto detto finora, giusto per allenare il pensiero critico, e senza l'intenzione di criticare convinzioni e comportamenti altrui.
Primo punto - Berlusconi viene citato, così, quasi *en passant*, in meno di due pagine all'interno di un libro voluminoso, in relazione a:

- un dittatore (Napoleone)
- un libretto apocrifo, fasullo
- in cui sono contenute affermazioni che potremmo definire "dispotiche"
- e si tratta di affermazioni che Berlusconi apprezzerebbe esplicitamente
- per (sostanzialmente) **aspirare ad essere il "salvatore" dell'Italia**
- per di più conscio di dover dare di sé un'immagine appropriata, **anche se non corrispondente alla realtà.**

Insomma, un personaggio (Berlusconi) più che negativo.
Un personaggio pericoloso (come si mostrò essere, in fin dei conti, Bonaparte).
Secondo punto, conseguente.
Domanda semplice: se l'autore del libro fosse stato un iscritto del partito di Berlusconi, o se anche fosse stato solo un ammiratore

del Cavaliere, lo avrebbe citato in quel modo, in quella circostanza, in quel contesto?

La risposta, ovviamente, è no.

Bene.

Allora, al di là della questione politica, e cioè del giudizio che ciascuno può legittimamente dare su Silvio Berlusconi, quello che a noi interessa - come esercitazione - è chiederci quale ragionamento possiamo costruire in relazione al caso in esame, e quale insegnamento possiamo ricavarne.

L'ho anticipato all'inizio di questo capitolo, quando ho parlato di "naturale istinto manipolatorio" che tutti hanno: l'ho io, l'avete voi che leggete, e l'hanno tutti gli altri esseri umani.

Si tratta del comprensibile (e inconscio, il più delle volte) modo di voler indirizzare gli altri a pensarla come noi.

E lo facciamo più spesso di quanto siamo disposti ad ammettere.

Lo facciamo anche quando sembriamo intenti a voler trasmettere idee liberali, democratiche, di comprensione, di tutela delle idee altrui...

Il libro *Sarà Vero* espone in modo preciso una serie enorme di casi in cui le opinioni altrui sono state condizionate, indirizzate, manipolate... con i sistemi più svariati che, comunque, si ricollegano tutti ad un unico metodo: far passare per reale ciò che reale non è o, **quantomeno**, non è così reale come si vorrebbe far credere.

Il fatto che proprio nel libro in questione siano contenute due paginette di "induzione", a mio (come al solito opinabilissimo) parere dimostra quanto siamo tutti (in)consciamente propensi a tentare di far passare per Verità ciò che, in realtà, è soltanto una nostra opinione.

Il che, ripeto, vale ovviamente anche per me, e per quello che in questo percorso/libro sto esponendo.

15
INTERMEZZO LUDICO
di Paolo Storti

Piccolo intermezzo ludico che ha per oggetto il quantificatore universale.
I cinque logici, da sinistra a destra, sono: Bertrand Russell, Jaakko Hintikka, George Boole, Alan Turing e Kurt Gödel .

Cinque Logici al bar Jaakko
Un altro puzzle di logica epistemica

La barista sa quante birre deve preparare.
E voi lo sapete? Perché?

Purtroppo il formalismo ed il rigore logico/matematico rendono in genere le spiegazioni difficili da seguire.
In questo caso però il ragionamento è in realtà molto semplice, in quanto l'argomentazione ruota intorno alla parola "tutti" (che in

logica si chiama quantificatore universale) e che in pratica significa che proprio tutti, cioè nessuno escluso, possiedono una data caratteristica.

L'uso di tali generalizzazioni, soprattutto se applicate ad insiemi/gruppi di persone di ampie dimensioni sono quasi sempre false ed alla base delle peggiori discriminazioni, pregiudizi o, nel migliore dei casi, luoghi comuni.

Pensa a frasi come: "*Tutti i migranti portano malattie infettive*", "*Tutti gli ebrei sono ricchi*", "*Tutti gli impiegati statali sono fannulloni*", oppure più subdolamente considerando il "tutti" in maniera implicita, tipo: "*I comunisti mangiano i bambini*", "*I ricchi sono senza scrupoli*", "*I credenti non sono razionali*" ecc. ecc. .

Fortunatamente la logica in questi casi ci aiuta, perché tali affermazioni si possono in genere facilmente confutare individuando un solo controesempio in grado di smentire l'affermazione e far crollare così tale castello di banalità.

Questo non vuol dire - ad esempio - che non esistano impiegati statali fannulloni, ma è proprio il comprendere che non tutti gli impiegati statali sono fannulloni ma solo alcuni, che aiuta ad indagare sulle reali cause sociali ed organizzative e sulle responsabilità individuali di tali comportamenti.

16

IDEOLOGIE

Credo utile riproporre qui un argomento già trattato nel (per)corso online *Oltre Il Mentalismo*, che è presentato a questo indirizzo

https://www.aroldo.info/oltre-il-mentalismo-1.html

Si tratta di un caso di "riassegnazione di sesso", conclusosi tragicamente.
In sostanza, un nato maschio fu reso femmina...

Mi scuso con quelli di voi che sono iscritti anche a quel corso, se ritrovano qui un argomento già trattato (con video relativo), ma credo che la vicenda di David Reimer sia, oltre che drammatica, esemplificativa della necessità di un "distacco critico" nella valutazione di argomenti che - come quello che stiamo per vedere - possono portare a conseguenze terribili se si diventa "fondamentalisti ideologici".

Ripropongo qui quel caso, perché l'argomento "gender" è di grande diffusione, se ne parla, si sprecano consigli e si adottano comportamenti, talvolta/spesso estremi, in contrasto col semplice buonsenso, prima ancora che con il ragionamento critico.

L'invito che vi rivolgo è di ragionare su quanto segue e su quanto espongo nel video.
https://vimeo.com/521395668/91de1630d4?share=copy

Poi, al solito, ciascuno potrà giudicare in maniera differente: il mio compito, qui, è soltanto quello di fornire input mediante il racconto di fatti (magari poco conosciuti) che non possono non indurre ad una riflessione sui pericoli del "tutto è permesso".

L'analisi del concetto di "tutto è permesso" è di estremo interesse per chi si occupa - come noi - di "riflessioni ordinate".

A me pare chiaro che danni sociali enormi - e, nel tempo, irreparabili - potrebbero derivare da coloro che vorrebbero deregolamentati alcuni settori tradizionali della vita sociale.

Ma torniamo a David Reimer.
Quello che segue è quanto riporta il testo introduttivo di Wikipedia.
Il resto lo trovate qui
https://it.wikipedia.org/wiki/David_Reimer

David Peter Reimer, nato **Bruce Peter Reimer** (Winnipeg (Canada), 22 agosto 1965 - 5 maggio 2004), è stato un cittadino canadese nato maschio ma sessualmente riassegnato come femmina e cresciuto come tale in base ai consigli medici seguiti alle complicanze di un intervento di circoncisione, subito durante la prima infanzia e che risultò in una grave lesione del suo pene.

Lo psicologo John Money ha supervisionato il caso e dichiarò che la terapia di riassegnazione si era rivelata un successo.

Il sessuologo accademico Milton Diamond in seguito riferì che Reimer, inconsapevole del cambiamento di genere subito da neonato, non si identificò mai con una donna e che dall'età di 15 anni iniziò a vivere come un uomo.

Ben noto negli ambienti medici per anni in modo anonimo come il caso "John/Joan", Reimer in seguito volle che la sua storia fosse resa pubblica per aiutare a scoraggiare pratiche mediche simili.

David Reimer si è suicidato nel 2004 dopo aver sofferto per anni di grave depressione, instabilità finanziaria e un matrimonio travagliato.

Disinteressarsi delle conseguenze drammatiche - estreme ma non rare - derivanti dall'annullamento di ovvi principi naturali, non è congruente con la decisione di dotarsi di sempre maggiore pensiero intelligente.

Dopo aver risolto questo (semplice) quesito, provate a proporlo a vostri conoscenti.

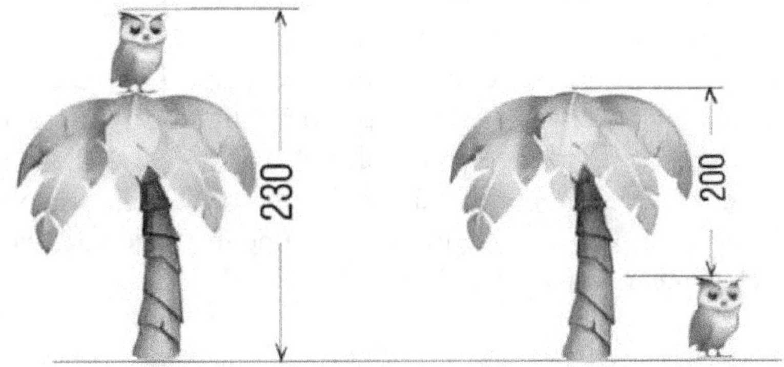

Dalle reazioni delle persone potrete conoscere qualcosa in più del loro carattere.

Ovviamente, l'importante non è che risolvano correttamente il piccolo enigma (la discalculia è fenomeno più diffuso di quanto si possa immaginare).

Quello che è interessante, invece, è il tipo di reazione che istintivamente si ha di fronte ad un quesito di questo tipo, soprattutto quando si è in presenza di altri

C'è chi non ha timore di sbagliare, e si impegna nel tentativo di risolvere il quiz.

C'è chi si rifiuta categoricamente di impegnarsi per trovare la soluzione.

C'è chi vuole sapere subito qual è la risposta corretta, senza neanche impegnarsi un po' per trovarla.

E così via, in una serie di reazioni che, per chi sa guardare, rivelano abbastanza di come le persone - in modo differente - tendono ad affrontare un problema.

Il che, alla fine, dirà molto anche di quanto ciascuna persona abbia sviluppato il proprio comportamento razionale, cioè intelligente e critico.

18

IL PACCO (psicologico)
ovvero ESSE EST PERCIPI

C'è un programma televisivo che va in onda da anni sulla Rai, dal titolo *Affari tuoi*, conosciuto anche come "Il gioco dei pacchi".

Si tratta di un format che a me pare totalmente insulso, in cui, sostanzialmente, si vince soltanto per fortuna, senza alcun merito.

Se non sapete di cosa si tratta - e questo aspetto va a vostro merito - vi spiego brevissimamente il suo funzionamento.

Ma prima voglio puntualizzare che, seppur raramente, mi ritrovo a guardare talvolta la trasmissione, perché resto affascinato dagli aspetti psicologici che, pur velocemente, stiamo per esaminare.

Vediamo la procedura nei suoi aspetti essenziali, tralasciando i dettagli del programma, dettagli utili solo al conduttore di turno per (tentare di) alimentare la suspense.

Quella che segue è la procedura, che ho tratto da Wikipedia e che ho ridotto e modificato per semplicità (se conoscete il gioco, saltate pure il virgolettato che segue):

"Il gioco consiste nell'individuare la scatola contenente il premio più elevato, attualmente di 300.000 €, selezionandola casualmente da un gruppo iniziale di 20 scatole di cui non si conosce il contenuto. La scatola deve essere individuata eliminando via via tutte le altre.

Si parte con 20 giocatori, ognuno rappresentante di una regione italiana, in possesso ognuno di una scatola, il cosiddetto "pacco", il cui contenuto è segreto, chiuso da uno spago fissato con un sigillo in ceralacca.

Il giocatore prescelto come concorrente, che possiede a sua volta un "pacco" di cui non conosce il contenuto, dovrà scegliere di volta in volta quale pacco eliminare: a quel punto, il contenuto del pacco prescelto verrà rivelato ed escluso dalle possibilità di vincita.

Al giocatore si oppone uno degli autori del programma, il cosiddetto "dottore", che, ogni volta che il concorrente apre un certo numero di pacchi, telefona in studio per fare delle offerte alternative, inferiori al valore massimo del pacco ancora disponibile, oppure consistenti nella proposta di scambiare il proprio "pacco" con un altro di quelli rimasti in palio.

Al giocatore prescelto vengono mostrate le sue possibilità di vincita, ovvero l'elenco dei contenuti di tutte le scatole, ovviamente senza rivelare quale premio si trova in quale scatola, che appaiono in sovrimpressione sullo schermo.

I pacchi contengono una somma in denaro, da 0 centesimi a 300.000 euro."

In poche parole: il concorrente sceglie di tenere fino alla fine il pacco che gli è stato dato all'inizio, oppure di scambiarlo con un altro, quando il "dottore" gliene dà facoltà.

Durante il gioco, il concorrente sceglie man mano quali sono i pacchi da eliminare.

Il tutto, attenzione, **senza nessun motivo razionale**.

I concorrenti dicono di tenere, scambiare o eliminare i pacchi (che sono numerati) in relazione a motivazioni risibili:

"Tengo il n. 12 perché il 12 è nato mio figlio…".

"Elimino il 17 perché il 17 mi ha sempre portato sfortuna…",
e cose bislacche di questo genere.

Insomma, il concorrente - per quanto lo riguarda - vince molti soldi, pochi soldi o nulla, semplicemente per caso (o fortuna, o sfortuna, come volete).

Diverso, invece, è il punto di vista del "dottore", che poi è il punto di vista della RAI, cioè di chi "mette i soldi".

Il dottore conosce il contenuto di ciascun pacco, compreso quello che detiene il concorrente.

Non solo: ha a disposizione la possibilità di proporre, al concorrente, scambi o offerte in denaro per non continuare il gioco.

In altre parole, il concorrente gioca al buio, mentre il dottore sa bene come e dove sono distribuite le varie possibilità.

Fatte queste premesse, viene la parte interessante per noi che amiamo studiare il comportamento umano.

Mi riferisco al comportamento tenuto dai concorrenti.

Prima di procedere con i miei ragionamenti, vi invito a pensare a come vi comportereste voi, se vi dovesse capitare di partecipare come concorrenti a quel gioco.

Ah, tenete presente un altro aspetto, importante per i ragionamenti che faremo.

Diamo per scontato, ovviamente, che chi partecipa a quel gioco abbia bisogno di soldi.

Intendo dire che l'analisi psico-comportamentale va fatta sul presupposto che al concorrente interessi davvero vincere dei soldi: un Bill Gates o un Elon Musk neanche perderebbero tempo in facezie del genere.

Bene, allora: prima della continuazione dei miei ragionamenti, provate a chiedervi che strategia adottereste se foste invitati a partecipare a quel gioco, e vi trovaste con:

- la vostra scatola con un "importo" che non conoscete;
- altre venti scatole, con importi anche quelli sconosciuti;
- sapete che le scatole contengono importi crescenti, da 0 a 300 mila euro (v. tabella);

- dovete eliminare, uno alla volta, i pacchi non vostri;
- il dottore ogni tanto vi propone o lo scambio del pacco, o una cifra da accettare per smettere di giocare.
Con quale strategia affrontereste il gioco?

colonna a	colonna b
0 €	5.000 €
1 €	10.000 €
5 €	15.000 €
10 €	20.000 €
20 €	30.000 €
50 €	50.000 €
75 €	75.000 €
100 €	100.000 €
200 €	200.000 €
500 €	300.000 €

I miei ragionamenti in merito sono piuttosto semplici.
Partiamo dalla considerazione dei punti fermi della questione:
- i concorrenti sono lì, a "giocare", perché sperano di vincere soldi di cui hanno/avrebbero bisogno;
- i concorrenti non sanno cosa c'è nei vari pacchi, e quindi le loro scelte sono totalmente affidate al caso, e i ragionamenti sui "numeri fortunati" non hanno alcun senso, come peraltro dimostra l'esperienza;
- il "dottore" (che rappresenta la RAI) sa - a differenza dei concorrenti - cosa contengono i vari pacchi, e quindi può (almeno tentare di) indirizzare la partita secondo la sua convenienza.
Stabiliti questi punti, iniziamo con la prima considerazione.
Attenzione: non è detto che il dottore tenda sempre e comunque a non far vincere nulla ai concorrenti, o a far vincere loro il meno possibile!

È del tutto comprensibile che - per questioni di marketing - la RAI voglia invece che qualcuno realizzi vincite importanti per due motivi:

1) Perché è bene trasmettere al pubblico l'idea che realmente si possano vincere cifre alte…

2) Perché le (rare) vittorie con cifre importanti servono per fare pubblicità al programma, con conseguenze decisive in termini di *share* e di introiti pubblicitari.

Questo significa che alcune vincite di importi alti non derivano neanche dal caso, quanto da conduzioni talvolta volutamente "generose", che indirizzano il concorrente di turno verso una vincita di rilievo.

Il che rende ancora inferiore la possibilità che le vincite di importi alti siano dovute interamente al caso.

Insomma, i concorrenti sono decisamente in balia del "non gestibile" e della conduzione del dottore.

A mio parere, allora, in questa situazione la possibilità di conduzione del gioco da parte dei concorrenti è sostanzialmente nulla.

Per essere razionale e per soddisfare il criterio del "sono qua perché ho bisogno di soldi", il concorrente deve tendere al conseguimento di un risultato economico, qualunque esso sia.

L'errore fondamentale, che poi è quello commesso dalla stragrande maggioranza di quelli che vanno lì a giocare, è quello di aspirare al premio massimo, o comunque a uno dei premi più alti.

Il che, l'abbiamo visto, dipende da un mix di due fattori:

- la (rarissima) volontà del dottore e

- la casualità

(con predominanza della prima).

Per essere razionale, e quindi per "giocare" in modo intelligente, il concorrente deve partire con un piano ben preciso: tornare a casa con una cifra, anche non alta, ma che comunque significhi "soldi in più nel conto in banca".

E questo obiettivo è facile da ottenere.

Come?

Accettando una delle "offerte" che il dottore propone durante il gioco.

Vedo concorrenti (la maggior parte) che rifiutano offerte di 20-30-40mila euro, per inseguire cifre più alte che raramente riescono a vincere.

Molti tornano a casa con qualche centesimo, o qualche euro, o addirittura nulla, dopo aver rifiutato decine di migliaia di euro.

È chiaro che l'illogicità dei comportamenti di detti concorrenti - che poi costituiscono la quasi totalità di coloro che partecipano al gioco - è determinata da due fattori, uno più evidente e comprensibile, l'altro più sottile e nascosto.

Il primo, quello che almeno dovrebbe essere più evidente, è il seguente.

Il concorrente al quale è stata offerta una certa cifra per non andare avanti con il gioco (e di solito si tratta di cifre interessanti, decine di migliaia di euro...) non si rende conto che nello stesso momento in cui quella cifra gli viene offerta... quei soldi SONO SUOI. Detto concorrente non si rende conto di essere in una situazione del tutto simile a quella che sto per mostrare (come esempio), e nella quale è del tutto probabile che lo stesso concorrente si comporterebbe in modo ben diverso.

Vediamo.

Se uno di noi, persone del tutto normali - io, ciascuno di voi, il concorrente - si trovasse, di punto in bianco, fuori dal gioco dei pacchi in questione, di fronte a questa proposta:

Se punti 25.000 euro dei TUOI SOLDI (cioè quelli che hai in banca) puoi avere casualmente una di queste possibilità:

Puoi vincere 300.000 euro

Puoi vincerne 75.000

Puoi vincerne 10.000

Puoi vincerne 100

Puoi non vincere niente

cosa risponderemmo?

Attenzione: il presupposto è che non siamo ricchi sfondati.

Il presupposto è che i soldi che abbiamo in banca ce li siamo guadagnati e sudati con anni di lavoro e risparmi...

In due casi/probabilità su cinque PERDEREMMO TUTTO

In una su cinque perderemmo 15.000 euro

Il che significa che in tre casi su cinque le nostre finanze subirebbero un tracollo, totale o comunque importante.

Su queste basi, davvero vi fareste abbindolare dal miraggio di vincite interessanti (che hanno due probabilità su cinque di avverarsi)?

Le situazioni in cui si trovano SEMPRE i concorrenti del gioco in questione sono simili a questo esempio. Solo che non considerano che nel momento in cui rifiutano la cifra offerta... STANNO PUNTANDO I LORO SOLDI, e stanno rischiando seriamente di perderli.

In sostanza, sono abbagliati e non vedono bene i dettagli della situazione. Quello che stracciano non è un assegno posticcio, ma sono **i loro averi**.

La domanda interessante che ne deriva è: a cosa è dovuta questa "cecità" temporanea?

La risposta più semplice - e comunque in parte veritiera - è quella del "volere di più" a tutti i costi. La quale smania ha dato origine ad una delle massime più sagge, secondo la quale chi troppo vuole nulla stringe.

Ma questo non basta a spiegare un atteggiamento sostanzialmente autolesivo.

Subentra un altro aspetto, subdolo e decisivo: l'ESSE EST PERCIPI citato nel titolo di questo ragionamento.

L'Esse Est Percipi è un principio che risale a George Berkeley (1685-1753), secondo il quale **se qualcosa non viene percepito, allora non esiste.**

Non ci addentriamo, ovviamente, nelle costruzioni filosofiche di Berkeley, ma è interessante notare quanto sia importante - per gli esseri umani, ma forse non solo per essi - la voglia/necessità di essere percepiti dagli altri (cioè visti, considerati, ammirati) per sentirsi "esistenti".

Trasferiamo ora questa constatazione - che è tanto semplice quanto determinante - nel mondo di relazione di tutti i giorni e, in particolare, nel gioco televisivo in questione.

Il concorrente - che normalmente non è un personaggio pubblico, e quindi non è abituato a telecamere, situazione stressante, milioni di persone che lo guardano - si trova a dover essere percepito., sa di essere percepito.

E come pensate che voglia essere percepito?

La sua 'esistenza", la modalità in cui il suo essere sarà presente nella percezione altrui **deriverà** dal comportamento che attuerà durante il gioco.

E come la maggior parte della gente vuole farsi "percepire" dagli altri?

Come coraggiosi, o come rinunciatari?

Come persone che sanno rischiare o come pantofolai che preferiscono subire la sorte senza affrontarla?

Se essere percepiti significa, allora, anche COME essere percepiti, è chiaro che la voglia di mostrarsi "coraggiosi" ha il sopravvento sul ragionamento razionale, che probabilmente ai più apparirebbe come atteggiamento timido, quasi meschino.

Figuriamoci, poi, se il concorrente accettasse, chessò, 20.000 euro e poi, alla fine, si scoprisse che se fosse stato coraggioso ne avrebbe vinti molti di più!

Si sentirebbe percepito, oltre che come personcina timida, anche come uno che non sa cogliere le occasioni della vita, i "treni" che passano raramente.

Per non correre questo rischio, il concorrente rischia **soldi suoi** (e senza neanche accorgersene)

Il che è molto stupido, decisamente irrazionale, ma anche molto comune.

Teniamone conto, se dovesse capitarci di essere in situazioni in cui l'Esse Percipi tentasse di prendere il sopravvento sull'intelligenza.

19

MA CHI TI CREDI DI ESSERE?

Secondo voi, cosa distingue un normale essere umano da un eroe letterario o cinematografico?

Qual è la caratteristica psico-comportamentale che differenzia un essere umano reale da un eroe inesistente?

Cosa caratterizza e rende affascinanti figure come James Bond, o uno degli invincibili pistoleri alla Clint Eastwood o, più recentemente, l'Achille omerico di Troy, o il personaggio interpretato da Daniel Day-Lewis in *L'ultimo dei Mohicani*, o il Kevin Costner/John Dutton della serie *Yellowstone*?

Non si tratta della invulnerabilità/invincibilità: un eroe letterario resta affascinante anche se poi, alla fine, muore (in alcuni casi succede).

Tutti i personaggi-eroi (salvo le eccezioni che vedremo in una nota che sarà presente nel libro) hanno una caratteristica in comune che, in fin dei conti, è quella che crea il loro fascino: sono sempre se stessi.

Sono imperturbabili, sono coerenti, sono addirittura prevedibili nelle loro scelte.

Non si contraddicono mai, non sgarrano dal loro personaggio.

Il che è esattamente il contrario di ciò che avviene per qualsiasi umano "vero".

Sì, perché ciascun umano è un'alternanza di pensieri, sensazioni, opinioni, atteggiamenti, scelte, contraddizioni, che si risolvono in sostanziale imprevedibilità.

Riassumendo: l'eroe letterario è irrealisticamente coerente, l'umano reale (ciascuno di noi) no.

Qualsiasi essere umano che voi conoscete (compresi i reali d'Inghilterra) può apparire compunto in ogni occasione pubblica, ma state ben certi che in privato si lascerà andare a libertà sulle quali è forse meglio non indagare.

Come dicevo, il fascino degli eroi sta proprio nell'irraggiungibile linearità di comportamento (più che nel fatto di sopravvivere quasi sempre e comunque).

A chi non piacerebbe essere come il Tom Cruise di *Mission Impossible* che non ha nessuna paura neanche se viaggia in piedi sulle ali di un aereo?

E invece niente: tutti gli umani (veri) hanno alti e bassi, forze e debolezze, momenti di calma e di ira, aspirazioni elevate e istinti di concupiscenza.

Detto questo, allora, vediamo di svolgere qualche riflessione potenzialmente utile.

Credo che sia interessante notare che si sono succedute, nel tempo, teorie secondo le quali l'animo umano è (o sarebbe) diviso in "possibili stati", ciascuno sostanzialmente antitetico/opponibile agli altri.

Nel libri *I 10 Pilastri del Mentalismo* ho esaminato gli stati dell'Io che Eric Berne pone a fondamento della sua *Analisi Transazionale*.

In ciascuno di noi si annidano, secondo Berne, un Genitore, un Bambino ed un Adulto.

Sintetizzando all'estremo:

Il Genitore prevale quando si mettono in opera comportamenti mutuati da figure adulte che sono state di riferimento nell'infanzia/giovinezza;

Il Bambino si estrinseca in atteggiamenti tipici dell'età infantile: spontaneità ed emotività;
Lo stato dell'Adulto analizza i dati a disposizione e li elabora in modo razionale, restando nel presente.

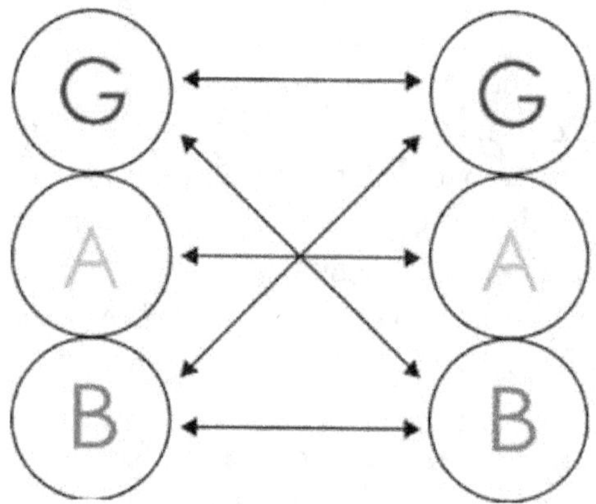

Sempre semplificando, l'immagine mostra come relazioni tendenzialmente **non contrastanti** possano intercorrere tra persone che usano stati simili (G-G-, B-B-, A-A), o tra stati complementari (G-B).
Lo stato di Adulto, invece, si relazionerebbe in modo contrastante con G e B, ed è facile intuire perché: lo stato dell'Adulto, razionalmente, si basa su dati e ragionamenti non condizionati da preconcetti (G) e impulsività (B), il che rende impossibile un dialogo sereno con gli altri due stati.

Questi Stati dell'Io prevalgono, in misura maggiore o minore, a seconda di fattori molteplici, e influenzano drasticamente le relazioni interpersonali, durante le quali lo Stato attuale di una persona si contrappone a quello attuale dell'interlocutore, determinando il successo o l'insuccesso della relazione.

La suddivisione proposta da Freud, come si sa, teorizza tre "istanze", denominate Es, Super Io, e Io.

La parte Es spinge verso la soddisfazione incontrollata degli istinti.

Il Super Io, al contrario, blocca detti istinti attraverso sentimenti di ripulsa e vergogna.

L'Io fa da mediatore razionale di detti estremi.

Andando indietro nel tempo (e di parecchio), risaliamo al *Fedro* di Platone, che riporta il mito dell'auriga.

L'anima è simboleggiata da un carro che è trainato da due cavalli, uno bianco e uno nero.

Il cavallo nero tende a portare il carro verso il basso, verso il mondo sensibile, mentre quello bianco cerca di andare verso l'alto, verso il mondo delle idee.

L'auriga cerca di guidare correttamente il carro: è la parte razionale che, come al solito, media tra gli opposti.

Ovviamente, le tre impostazioni appena citate - quella di Berne, Freud e Platone - hanno risvolti molto più approfonditi di quelli che abbiamo esposto in modo del tutto sommario.

Rinviando ad altre sedi per gli approfondimenti che ciascuno vorrà attuare, in questo contesto ci basta considerare alcune cose.

Come primo aspetto, appare evidente che le impostazioni citate, pur separate da 2500 anni, dicono sostanzialmente la stessa cosa: l'essere umano è destinato ad oscillare tra impulsi, aspirazioni alte e razionalità.

Il compito della ragione, che è quello di contemperare gli opposti, è decisamente impegnativo, visto che - a differenza degli eroi immaginari - gli umani "veri" non sono mai del tutto coerenti come vorrebbero sembrare.

Pur senza affrontare qui il relativismo di Pirandello e le tante maschere dietro le quali ci si nasconde, è evidente che, a differenza di quello che si ama credere, **tutti** sono sostanzialmente meno "lineari" di quanto vorrebbero far credere.

Ci si "innamora" dell'amante, di un attore, di un politico… perché non lo si vede com'è completamente, cioè in ogni aspetto della vita.

È chiaro che l'amante lo si vede solo saltuariamente, di lui/lei appaiono solo i "pregi" tipici del momento. Se poi l'amante diventa coniuge… è molto facile che la passione diminuisca, a volte anche repentinamente.

È facile capire perché: vengono fuori, nel tempo, tutte le parti della personalità, il Bambino, il Genitore, lEs, il Super Io, il cavallo nero o anche, talvolta, il prepotente cavallo bianco che guarda solo al mondo delle idee.

Chi ama i nostri discorsi e ragiona anche soltanto velocemente su questi argomenti, non si meraviglia - a differenza di quanto succede a chi questi argomenti non li coltiva - che la vita sociale sia piena di separazioni, di litigi, di incomprensioni, di disillusioni, di "pazzie" improvvise e (per gli inesperti) incomprensibili.

Ma tutto ciò significa anche un'altra cosa: chi è conscio della multiformità tipica dell'essere umano valuta gli avvenimenti con occhi che definirei "più saggi".

Il che porta ad essere ottimi osservatori delle situazioni, e quindi di conseguenza ottimi punti di riferimento per chi avesse bisogno di uno consiglio maturo.

Per concludere, vorrei segnalare che la stragrande maggioranza dei problemi relazionali nascono per un errore di aspettative, secondo le quali "l'altro" deve essere sempre e comunque coerente, e quindi prevedibile, e quindi, se vogliamo, controllabile.

Purtroppo, così non è.

Il coerente sempre e comunque è solo l'eroe letterario.

Il nostro prossimo, che come noi eroe non è, vive le stesse battaglie interne che viviamo noi stessi, che a volte (e magari inaspettatamente) passiamo da Bambino a Genitore per poi tornare in modo *random* allo Stato di Adulto (almeno apparentemente) razionale.

Capito questo, diventa meno problematico capire quello che succede nel mondo, e accettarlo come inevitabile. [4]

---

4 Consiglio di approfondire - culturalmente, ma soprattutto poi nei comportamenti - l'Analisi Transazionale di Eric Berne.

20

SIAMO TUTTI VEGGENTI

Molti hanno sentito parlare delle profezie che si auto-avverano.

Pochi hanno approfondito l'argomento.

Ancora meno sono coloro che traggono dall'argomento un vantaggioso insegnamento.

Si tratta di un discorso, invece, che dovrebbe interessare (e dovrebbe essere approfondito da) chiunque voglia capire alcune cose della propria vita, e che aspiri a realizzare obiettivi/desideri di qualsiasi natura.

Ancora di più dovrebbe interessare coloro che - come immagino i lettori di queste righe - vogliano essere produttivi Punti di Riferimento per altre persone (come formatori, insegnanti, genitori, consulenti).

Esaminiamo alcuni aspetti fondamentali della questione, lasciando all'iniziativa individuale eventuali approfondimenti.

Per profezia che si auto-avvera si intende "una previsione che si realizza per il solo fatto di essere stata espressa".

Il termine "profezia", in realtà, non è il più esatto.

Più correttamente, si dovrebbero usare i termini "convinzione" o "aspettativa".

Se siamo convinti (o ci aspettiamo) che un certo accadimento si avvererà, i nostri comportamenti contribuiranno in modo decisivo - almeno il più delle volte - alla realizzazione dell'aspettativa/convinzione.

Esempio classico: se si diffonde la voce (anche non fondata) che una banca è in difficoltà, i clienti si convincono (si aspettano) che la banca possa fallire; corrono in massa a ritirare i loro risparmi; la banca fallisce davvero: l'aspettativa si è auto-avverata.

E fino qua arrivano, e di solito si fermano, molti di coloro che hanno notizia del discorso in questione.

Noi proseguiamo con qualche aggiunta.

Iniziamo col dire che questo argomento vide la sua origine nel cosiddetto *Teorema di Thomas*.

William Thomas era un sociologo che nel 1928 coniò il seguente enunciato: "*Se gli uomini definiscono reali le situazioni, esse saranno reali nelle loro conseguenze*".

Il principio fu ripreso successivamente, e definito nei termini che conosciamo oggi, da un altro sociologo, Robert Merton, che nel 1948 precisò: "*Una supposizione o profezia, per il fatto di essere stata pronunciata, fa realizzare l'evento presunto, aspettato o predetto, confermando in tal modo la propria veridicità*".

La questione, quindi, è nata in ambito sociologico o più propriamente, se vogliamo, nell'ambito della psicologia sociale.

Più in particolare, veniva inizialmente così spiegata la condizione di inferiorità in cui viveva la popolazione di colore: i bianchi avevano verso i neri credenze, opinioni e aspettative (e quindi, fondamentalmente, certezze) secondo le quali questi ultimi, non possedendo le qualità necessarie, non potevano occupare ruoli sociali di responsabilità.

Questa credenza influiva sul comportamento dei bianchi che, a sua volta, influiva su quello dei neri, confermando, per l'appunto, l'aspettativa.

Fu subito chiaro che il principio si adattava ad una vasta serie di fenomeni sociali, e tutti ne siamo stati testimoni nei recenti anni della pandemia, quando i disinfettanti nei supermercati diventarono introvabili perché l'aspettativa era che... diventassero introvabili, il che portava all'accaparramento, che ultimava rapidamente le scorte e "avverava la profezia".

Capire il meccanismo, spiega anche alcuni fenomeni che altrimenti non avrebbero una giustificazione razionale.

Ad esempio, è facile notare come - nella stragrande maggioranza dei casi - i sondaggi condotti prima delle votazioni politiche siano un argomento delicato, perché hanno la forza di condizionare le scelte di voto di un gran numero di persone.

Se un sondaggio assegna ad un partito un sicuro insuccesso, questa "previsione" tende a demotivare dall'andare a votare chi vorrebbe invece la vittoria di quel partito.

È estremamente difficile, per non dire impossibile, che un movimento politico accreditato dai sondaggi con, mettiamo, lo 0,6% di preferenze possa riscuotere un successo significativamente maggiore della previsione.

Ma attenzione: se una previsione di voto fortemente negativa per un partito può quasi certamente disincentivare dall'alzarsi dal letto per andare a votare quel partito, non è proprio detto che un sondaggio estremamente positivo porti sicuramente al risultato aspettato/profetizzato.

Anzi.

Se il partito è dato come sicuro vincitore delle elezioni - mettiamo con il 40% dei voti a favore - questa previsione così favorevole potrebbe indurre alcuni/molti elettori di quel partito a disertare le urne, nella convinzione/aspettativa che, tanto, gli altri andranno a votare.

Se questo ragionamento diventa quantitativamente rilevante, il partito in questione magari vince lo stesso le elezioni, ma con una percentuale inferiore a quella prevista (il che avrebbe conseguenze ovvie nel numero degli eletti di quel partito).

Gli esperti in statistica potrebbero obiettare che i sondaggisti tengono conto, nei loro algoritmi predittivi, di questo possibile effetto controproducente, ma non non vogliamo entrare in cavilli tecnici.

Qui ci interessa sottolineare la possibilità/probabilità che un'aspettativa troppo marcata, che diventa certezza, può produrre effetti contrari al principio dell'auto-avverarsi della profezia, impedendo il verificarsi dell'evento che invece si dà per certo.

Chiamiamolo Principio A, che poi combineremo con il Principio B, che stiamo per vedere.

Abbiamo visto finora che la "profezia che si auto-avvera" è nata in ambito sociologico.

È comunque apparso chiaro sin da subito che l'applicazione del concetto è del tutto presente anche nel singolo mondo di ciascun essere umano, nel mondo della psicologia personale.

Essere convinti di riuscire a raggiungere un obiettivo porta a comportamenti conseguenti, che facilitano il raggiungimento dell'obiettivo.

Su questo convincimento basilare si basa tutta la pletora di discipline motivazionali che, con non sempre grande fantasia, i vari coach in giro per il mondo inculcano ai propri assistiti.

Se vuoi, puoi!

Il limite è il cielo!

Se lo desideri lo otterrai!

E cose di questo tipo.

Le quali, ovviamente, così come enunciate, sono baggianate vendute (talvolta a caro prezzo) come verità sagge.

Come ho probabilmente già detto qui e altrove, a quegli slogan motivazionali manca l'intelligenza di considerare i limiti che ciascuno di noi ha (fisici, culturali, intellettivi, organizzativi, economici).

Personalmente, posso anche voler diventare campione del mondo di scacchi (o dei cento metri, di tiro con l'arco o di quello che volete), posso anche volerlo con tutta l'anima, ma questo non mi basterà.

Si tratta di un discorso troppo evidente per dilungarsi.

Diciamo che, restando nel possibile - tenendo cioè conto dei limiti del soggetto che desidera - l'aspettativa di successo aiuta più che l'aspettativa di fallimento. Questo sì.

Insomma - e questo è di importanza fondamentale - la nostra impostazione mentale contribuisce in modo significativo a quanto succede e succederà nella nostra vita.

Se ci si rende davvero conto di questo, già da subito si inizia a pensare in modo migliore, positivo, produttivo.

Insomma, siamo in presenza del segreto di Pulcinella, che però sono in pochissimi ad applicare costantemente.

La non-applicazione a se stessi di questa possibilità straordinaria - cioè che l'aspettarsi di raggiungere l'obiettivo, qualunque **possibile** obiettivo, tende a realizzarlo - porta alle disfunzioni psico-comportamentali che funestano la maggior parte delle persone.

L'invito che vi rivolgo è non soltanto quello di applicare aspettative positive per qualsiasi attività della vostra vita - importante, meno importante, quotidiana, occasionale, lavorativa, familiare, ecc.ecc.- ma vi invito anche ad **insegnare** questa attitudine a coloro che vi circondano e che volete assistere.

Questo è il Principio B, di cui parlavo.

Detto questo, finiamo con un'avvertenza: il Principio B (sfruttiamo in ogni momento della vita la potenza della profezia che si auto-avvera) va combinato con il già visto Principio A (aspettative esagerate, che diventano certezze, possono produrre l'effetto contrario, portando alla non-realizzazione dell'obiettivo).

In parole povere: restiamo con i piedi per terra.

Personalmente, ho perso due gare molto importanti, nel judo - parlo di decenni fa, naturalmente - per l'eccessiva sicurezza di vittoria.

Se all'epoca avessi ragionato sui temi proposti in questo articolo, probabilmente le cose sarebbero andate diversamente.

Un po' tardi, ma ho imparato la lezione.

21

NOSCE TE IPSUM

Disclaimer

Quanto segue NON è un invito ad improvvisarsi psicoterapeuti.

Quando nel testo si parlerà di auto-analisi, di riflessioni sui propri convincimenti, di aiuto, conforto, assistenza, consigli che si possono dare ad altri e ricevere da altri, NON si vuole entrare nel campo della psicoterapia.

Si vuole senza mezzi termini **restare nel campo delle normali relazioni amichevoli**, nel normale ascolto amichevole, nel normale conforto amichevole, nel normale dialogo tra persone che - ripetiamolo per l'ennesima volta - amichevolmente vogliono dialogare su se stessi.

Problemi psicologici devono/possono essere studiati e trattati esclusivamente da coloro che hanno i titoli e l'abilitazione a farlo.

Se la lettura di questo libro serve (soprattutto) al miglioramento di se stessi, allora è d'obbligo la fase di auto-analisi, che sarà molto semplice soltanto apparentemente.

Ogni ragionamento su se stessi, anche se svolto in modo semplificato come in questa sede, può comportare riflessioni importanti su cosa si pensa, sul perché lo si pensa e - talvolta, pur se raramente - se non sia opportuno cambiare idea su qualche aspetto della vita.

Il "Conosci te stesso" deriva dai tempi più remoti, quantomeno dall'antica Grecia, e quindi da 2.500 anni fa, grossomodo.

Probabilmente, si tratta di uno degli inviti più inascoltati, il che è abbastanza evidente nell'osservazione delle cose del mondo e della sua storia, passata e recente.

Come procedere, allora, nella conoscenza di cosa pensiamo e quindi, sostanzialmente, di cosa siamo?

Ponendoci delle domande e, soprattutto, dandoci delle risposte sincere.

Sono interessanti alcune caratteristiche di questa procedura, e riguardano sia la parte delle domande che quella delle risposte.

Le domande.

Le domande da porsi, a cui dare risposta sincere, non possono essere scelte autonomamente dal soggetto interessato.

Devono, invece, essere scelte e proposte da qualcun altro.

Il motivo è semplice: è del tutto probabile che ciascuno di noi tenderebbe ad evitare di porsi domande che potrebbero risultare "difficili", magari relative ad episodi drammatici della propria vita.

Oppure si potrebbero evitare domande per le quali si è convinti, sbagliando, di avere già una risposta ben meditata.

Un altro aspetto del quale tenere conto è il tipo di domande da porre.

Non tutte le domande sono indicate per tutti.

Al contrario, in un'indagine - anche amichevole, come abbiamo sottolineato - sui propri "convincimenti" è opportuno che chi pone le domande (un amico, un consigliere, un genitore, un educatore, un counselor... quindi non necessariamente uno psicoterapeuta) adatti man mano "l'indagine" ponendo nuove domande non casuali, non standard, ma domande specifiche, opportune, che tendano a focalizzare i punti importanti per quel soggetto, in quel determinato momento, in quella situazione soggettiva.

Talvolta, una conversazione amichevole può produrre facilmente effetti positivi, per quanto riguarda la migliore conoscenza di se stessi e l'individuazione di comportamenti migliorativi del proprio stato umorale.

È chiaro - e lo sottolineiamo anche se si tratta di un'ovvietà - che un amico "non psicoterapeuta" deve avere ben chiaro il limite tra conversazione amichevole e analisi psicologica, che è attività riservata ai professionisti del settore.

Detto, quindi, che ogni colloquio (insieme di domande e riflessioni) non può essere "standard" ma deve seguire la specificità della situazione, non possiamo che rinviare ad altre occasioni l'esame delle modalità di costruzione di un colloquio volta per volta specifico.

Qui ci limiteremo ad elencare una serie di argomenti, che possono essere posti sotto forma di domande per, almeno, iniziare a ragionare su ciò che si pensa, del mondo, degli altri, e conseguentemente di se stessi..

Non esistono domande migliori o più importanti di altre.

Esistono domande che possono essere avvertite più "fastidiose" di altre, e forse sono le più utili per conoscersi meglio.

A volte, le domande più fastidiose sono quelle che si ritengono "non interessanti".

E magari, ripeto, sono quelle che più costringerebbero a ragionare su se stessi, e magari a scoprire aspetti di sé che si preferisce auto-nascondersi.

Le risposte.

Le risposte alle domande devono avere due caratteristiche.

Devono essere del tutto sincere, e devono essere il più possibile motivate razionalmente.

Senza risposte sincere, motivate e logiche non si capirebbe davvero il pensiero del soggetto, per cui il dialogo sarebbe soltanto una perdita di tempo.

Quelle che seguono sono domande (solo alcune tra le tante possibili) che - in mancanza di un soggetto terzo che le ponga e conduca il dialogo - ciascuno di noi può comunque autonomamente porsi, fornendo risposte sincere, motivate e logiche.

Non è raro che nel dare questo tipo di risposte si finisca per mettere in discussione certezze che si ritenevano acquisite, spingendo a trovare risposte più logiche e convincenti di quelle che avevamo precedentemente e che abbiamo finito per considerare deboli.

Il che è un bene, come sappiamo noi che facciamo del pensiero critico uno dei fondamenti del nostro pensiero e, mi auguro, del nostro comportamento.

Ciascuna delle domande che seguono - poche, sono soltanto un esempio, perché le domande possibili sono virtualmente infinite, a seconda delle situazioni - può avere tre tipi di risposta, sostanzialmente.

1) La domanda può essere liquidata sbrigativamente, con risposte brevi che non ammettono repliche o dubbi. Questo modo di rispondere, evidentemente, non aiuta in alcun modo nel "ragionare su se stessi". Si tratta, peraltro, del modo di rispondere usato da chi non ha ragionato a fondo sulla questione contenuta nella domanda, e non ha, conseguentemente, argomenti fondati per sostenere il proprio pensiero.

2) Oppure le risposte possono essere argomentate, anche in modo esteso e razionale, ma senza ammettere la possibilità di

essere nel torto o di pensarla in modo non necessariamente giusto o condivisibile.

3) Ultima ipotesi: si può argomentare, si può essere convinti ed esporre con razionalità e logica il proprio punto di vista, ammettendo comunque la possibilità che si possa pensarla diversamente, e che addirittura possano esserci ragionamenti altrettanto "forti" dei propri, a sostegno però di una tesi opposta.

Questa terza ipotesi è quella che a me sembra preferibile.

Ma ammetto che si possa ragionevolmente pensarla in modo contrario…

Le domande possono riguardare aspetti generici e allo stesso tempo "imponenti".

Tipico esempio è la domanda: "*Credi nell'esistenza di una qualche forma di divinità che governa il mondo?*"

Credere o non credere in Dio (o "in un dio" come qualcuno preferisce scrivere) non è questione da poco.

Una risposta (ragionata) coinvolge non soltanto opinioni e scelte di vita, ma implica un'aspettativa su quello che succede al momento della inevitabile morte.

Si tratta di considerazioni fondamentali, con ogni evidenza.

Eppure… a quante discussioni serie sull'argomento vi è capitato di partecipare?

Pare che la stragrande maggioranza dell'umanità preferisca sorvolare sulla questione, o comunque risolverla in poche battute.

Probabilmente, questo atteggiamento è dovuto, e viene giustificato, col fatto che alla domanda *"Dio esiste?"* non è possibile rispondere in modo sicuro/dimostrabile, nonostante la certezza ferrea dimostrata da alcuni, sia favorevoli che contrari all'ipotesi in questione.

Ovviamente, si tratta di un problematica di grande estensione, che investe anche aspetti culturali talvolta impegnativi.

Comunque sia, si tratta di un problema inevitabile il chiedersi qual è il senso della vita.

Pertanto, vista l'ineluttabilità della questione, invito ciascuno di voi a ragionare sulla domanda e sulla risposta - anche articolata, perché no? - che darebbe a chi chiedesse *"Esiste un Dio che ha creato l'esistente? O credi che tutto derivi dal Caso? E come giustifichi la tua opinione? E, infine, vivi in accordo con quella tua credenza, facendone derivare atteggiamenti compatibili con essa?"*.

Se proprio, com'è comprensibile, non voleste impegnarvi in approfondite disquisizioni filosofiche e teologiche, potreste più semplicemente fare così (anche soltanto per fare chiarezza con voi stessi, sulla questione):

Prendete carta e penna, e in una decina di righe rispondete alla domanda-base, cioè se credete oppure no in un Dio (o dio, come preferite) che ha creato e, a modo suo, governa il mondo, e in base a quali considerazioni siete giunti a questa credenza.

Riservate poi un'altra decina di righe alla questione conseguente: *"E quindi? Quali considerazioni logiche ne traggo, in relazione all'organizzazione della mia vita, al rapporto con gli altri, agli insegnamenti da trasmettere?"*.

Fatto questo, vi do un ulteriore, anche se non richiesto, consiglio: trovate, nella cerchia delle vostre conoscenze, una persona (un amico, un parente, qualcuno che riteniate all'altezza del compito), con il quale discutere delle risposte che avete dato alle due domande.

La cosa potrebbe (potrebbe) arricchirvi, forse anche in modo inaspettato.

Ma dopo tutto ciò, confesso di essere cosciente che domande gravose come quella appena esaminata possano essere tralasciate, proprio perché impegnative (e il cervello, così come il corpo, cerca di evitare sforzi non proprio necessari o piacevoli).

Allora vi propongo alcune altre domande, decisamente più semplici e immediate, che possono comunque gettare buona luce su cosa di pensa, cosa ci si aspetta da se stessi, dagli altri e dalla vita, e quindi, fondamentalmente, su chi/cosa si è.

Sono davvero tanti gli argomenti possibili.

Si potrebbe investigare su se stessi a proposito di:
- Aspetti di sé che si nascondono agli altri
- Speranze e timori per il futuro
- Capacità di assumere decisioni
- Facilità o difficoltà nelle relazioni interpersonali
- Capacità di ascolto
- Capacità di trasmettere positività
- Rimorsi e rimpianti
- Idea della morte
- Sesso
- Amicizia
- Rapporti con i genitori e loro influenze
- Cosa pensa di noi il partner
- Ricordi d'infanzia più vividi
- Valori fondanti nella propria vita
- Rapporti con colleghi e superiori
- Voglie inconfessabili
- Abitudini utili o dannose
e così via…

In un colloquio succede facilmente (anzi, è quello che sostanzialmente si vuole) che si parta con un argomento GENERICO per andare poi a trattare argomenti più personali.

Se, invece, ci si auto-analizza autonomamente, ponendosi le domande e rispondendo (anche in modo sincero) è ovviamente più difficile seguire un discorso articolato.

In ogni caso, ipotizzando che abbiate voglia di ragionare un po' su voi stessi, vi pongo alcune questioni, rispondendo (sinceramente e diffusamente) alle quali potreste arrivare a considerazioni su voi stessi che, magari senza stupirvi in maniera eclatante, potrebbero esservi utili.

Se poi non vi interessasse conoscere meglio voi stessi, oppure riteneste di conoscervi già sufficientemente bene - e su questo potreste sbagliarvi - allora vi invito comunque a suggerire questo sistema a persone delle quali vorreste conoscere di più - o

vorrebbero conoscersi di più - e che siano d'accordo nel rivelare a voi i propri pensieri.
- Qual è la persona (del presente o del passato, viva o non più viva) con cui vorreste trascorrere tutta la giornata di domani?
- Cosa le chiedereste? Cosa vorreste sapere? Come vi piacerebbe trascorrere la ore insieme?
 - Cosa vi piacerebbe fare, che non avete mai fatto?
- Vi piacerebbe farlo da soli o in compagnia di chi?
- Tre abilità che vi piacerebbe avere.
- Che tipo di uomo/donna attraete, di solito?
- Che tipo di uomo/donna vi piacerebbe attrarre?

    –   Tre cose che non rifareste, se poteste tornare indietro.

    –

Sono soltanto sei questioni, peraltro semplici, ma le risposte (sincere e argomentate) potrebbero darvi qualche spunto di riflessione su quello che desiderate avere, su quello che vorreste essere (o almeno apparire), e su qualche errore commesso (la quale riflessione non è mai utile in sé, ma ha valore solo se serve a modificare in meglio la propria visione delle relazioni e dei propri comportamenti attuali).
Non so se queste righe potranno darvi indicazioni proficue.
Ma mi piace sempre ricordare che la responsabilità sull'utilità di un testo non è (quasi) mai a carico soltanto di chi scrive.

22
PILLOLE CULTURALI
- IL PERIODO ASSIALE -

Buona parte dei contenuti di questa introduzione all'argomento riveste carattere di ovvietà.

Ma è necessario capirsi sulle basi del discorso.

Per cui, vi invito a leggere con pazienza.

Ho già scritto altrove, dettagliatamente, dell'importanza della cultura.[5]

Il che è chiaramente un concetto ovvio, dacché non credo che qualcuno di voi possa pensarla diversamente.

Bisogna soltanto intendersi sul concetto di cultura, oltre che sulla sua necessaria "estensione".

Cultura non è, evidentemente, il nozionismo puro e semplice (date, nomi, luoghi).

Ma è comunque obbligatorio avere conoscenza dell'ordine di successione degli eventi; degli uomini che hanno prodotto conseguenze nella storia; delle idee e dei luoghi dove queste si sono sviluppate.

Attenzione, quindi, a combattere *tout court* il nozionismo, perché si rischia di ritrovarsi con un bel po' di confusione in testa, se non si sa dove e quando posizionare autori, opere ed eventi.

Ma la cultura della quale parliamo prevede anche un'ulteriore necessità, che è quella di trarre conseguenze, insegnamenti e ragionamenti dalle nozioni, una volta ben comprese.

A cosa è necessaria la cultura?

Ciascuno avrà la sua risposta.

Per quanto mi riguarda, due sono gli aspetti fondamentali.

Al primo posto metto il piacere della conoscenza.

La gioia di conoscere cose nuove diventa, allo stesso tempo, causa ed effetto, motore dello studio e soddisfazione del sapere.

---

5 v. *I 10 Pilastri del Mentalismo.*

Più praticamente, comunque - e questo è il secondo punto - possedere una buona base culturale (il che, non di rado, prescinde dal possesso di titoli accademici) significa avere molta più facilità (e successo) nelle relazioni sociali, oltre che nell'esposizione di argomentazioni persuasive.

Ma quanto deve essere "estesa" la propria personale cultura?

Quanto e cosa bisogna sapere?

Questa è una domanda dalla risposta necessariamente vaga, essendo ovviamente infinito il panorama del conoscibile.

La risposta è, banalmente, "Il più possibile".

Resta il problema del *cosa* è meglio conoscere.

Personalmente, cerco di imparare *cose* che abbiano almeno due dei seguenti requisiti (se poi li soddisfano tutti e tre, meglio):

1) Che siano di mio interesse e utilità.

2) Che siano interessanti per coloro con i quali prevedo di relazionarmi.

3) Che siano insolite, curiose, e che comunque diano adito a riflessioni costruttive.

Le "pillole di cultura" che vi propongo seguono, per l'appunto, queste linee di ricerca.

Spero che vi piacciano e vi interessino almeno quanto hanno interessato me.

IL PERIODO ASSIALE

Il Periodo Assiale è, niente di meno, il periodo in cui si sono prodotte le basi fondamentali della civiltà che, ancora oggi, conducono l'organizzazione del pensiero umano.

Karl Jasper (1883-1969), filosofo tedesco, definì Periodo Assiale l'arco di tempo **tra l'800 a.C. e il 200 a.C.**, in cui si sviluppò la filosofia greca, furono composti i poemi omerici, comparvero Zarathustra in Persia, Confucio in Cina, il buddismo in India, e fu l'epoca dei profeti in Israele.

L'umanità fece un colossale balzo culturale in avanti, sostanzialmente **all'unisono in tutto il mondo.**

La ragione prese il posto del mito, e il monoteismo soppiantò il politeismo.

Secondo Jasper, ciò che oggi siamo, ciò che facciamo e pensiamo, è diretta conseguenza di quello che successe nel periodo assiale. In sostanza, la cultura più avanzata che ebbe origine in quel periodo è "l'asse" intorno a cui hanno ruotato le varie civiltà che si sono succedute.

Per quello che riguarda noi, lettori di questa "pillola", l'importanza della conoscenza del periodo assiale sta nelle riflessioni su quello che il mondo era prima di esso, e di come da esso è stato trasformato. Il che vuol dire anche riflettere su come funziona il nostro pensiero, che segue canoni del tutto diversi dal pensiero degli umani vissuti precedentemente a quella rivoluzione culturale.

Non trovate che sia non soltanto interessante, ma addirittura affascinante?

23

PILLOLE CULTURALI 2
- LA MELA -

Girano di frequente sui social dei video tratti da quiz televisivi, in cui si vedono i concorrenti dimostrare ignoranza totale su argomenti che fanno parte della cultura di base.

Uno dei settori in cui vengono date risposte errate, e a volte ridicolmente fantasiose, è quello della conoscenza della Bibbia.

Non sto parlando di esoterici contenuti teologici, ma di quelle nozioni basilari che tutti dovrebbero possedere, anche soltanto per sentito dire.

Tra le convinzioni erroneamente diffuse, ce n'è una che colpisce un numero rilevante di persone.

Sto parlando del frutto proibito, quello dell'episodio del peccato originale narrato nella Bibbia, quello che causò la rovina del genere umano.

Ora, che si sia credenti o atei, che si dia valore o no al contenuto del testo in questione, credo che sia bene conoscere almeno questo: il frutto che Eva mangiò e diede da mangiare ad Adamo NON era una mela.

Ci si ritrova troppo spesso a parlare con gente - spesso abbondantemente istruita in alti settori - che dà per scontato che il frutto del peccato fosse una mela, credendo - senza porsi domande - che il morso alla mela sia all'origine della lontananza creatasi tra il genere umano e Dio (o un dio, o divinità biblica… come preferite).

Questa ignoranza deriva dalla mancata, semplice lettura del passo in questione.

Eccolo:

Il serpente era la più astuta di tutte le bestie selvatiche fatte dal Signore Dio. Egli disse alla donna: «È vero che Dio ha detto: Non dovete mangiare di nessun albero del giardino?».

Rispose la donna al serpente: «Dei frutti degli alberi del giardino noi possiamo mangiare, ma del frutto dell'albero che sta in mezzo al giardino Dio ha detto: Non ne dovete mangiare e non lo dovete toccare, altrimenti morirete».

Ma il serpente disse alla donna: «Non morirete affatto! Anzi, Dio sa che quando voi ne mangiaste, si aprirebbero i vostri occhi e diventereste come Dio, conoscendo il bene e il male».

Allora la donna vide che l'albero era buono da mangiare, gradito agli occhi e desiderabile per acquistare saggezza; prese del suo frutto e ne mangiò, poi ne diede anche al marito, che era con lei, e anch'egli ne mangiò.

Allora si aprirono gli occhi di tutti e due e si accorsero di essere nudi; intrecciarono foglie di fico e se ne fecero cinture.

Ovviamente, non c'è traccia di mele.

Bisogna allora chiedersi da dove deriva questa falsa credenza (che, in quanto appassionati di pensiero critico e tendenzialmente intelligente, tentiamo di capire e correggere).

La spiegazione maggiormente condivisa sta nella confusione indotta dalla parola latina *malum*, che è contenuta nella frase "albero del bene e del male".

Malum, pur se con accento diverso, significava, per l'appunto, sia male che mela, causando un errore di interpretazione.

Per altri, fu l'influenza dell'arte medievale - che spesso raffigurava Eva con in mano una mela - a indurre in errore i meno colti in materia.

Quello che a noi interessa, comunque, è sapere dell'errore e, con un piccolo sforzo in più, riflettere sul fatto che qualche millennio fa lo scrittore del testo in questione indicava, come causa dei guai dell'umanità, la voglia di poter stabilire autonomamente, singolarmente, soggettivamente ("conoscere") cosa sia il bene e cosa sia il male.

24

PILLOLE CULTURALI 3
- IL CAMMELLO -

Anche quelli che della Bibbia ignorano praticamente tutto, conoscono la frase "È *più facile che un cammello passi per la cruna di un ago, che un ricco entri nel regno di Dio*".

Ne parliamo qui per un motivo semplice: non è raro che in una conversazione spunti fuori questa frase, o comunque un riferimento a questa frase.

E allora, come dice il titolo di queste pillole, è meglio sapere quello che segue.

Tralasciando il senso sostanziale/teologico dell'affermazione evangelica - e cioè la improbabilità, se non l'impossibilità che un ricco si comporti in maniera tale da essere degno di accedere al regno di Dio, cosa che non deve preoccupare i ricchi atei - soffermiamoci, ovviamente, solo sul bizzarro utilizzo dell'immagine di un cammello che possa passare per la cruna dell'ago.

Alcuni hanno giustificato il tutto come un errore di copiatura.

La parola usata nel testo greco originario non doveva essere quella riportata nei testi che conosciamo, *kamelos* (cammello), ma *kamilos* (grossa fune, gomena). Il che sarebbe anche più consono all'ambiente di pescatori nel quale in origine si diffuse il messaggio.

Altri hanno fatto riferimento non al greco, ma alla lingua al tempo parlata, l'aramaico, ma sempre con la stessa motivazione: si sarebbe scambiata la parola *gamta* (filo spesso) con la parola *gamla* (cammello, per l'appunto).

Altri, ancora, citano l'esistenza, non comprovata, di una piccolissima porta d'ingresso a Gerusalemme, chiamata *Cruna dell'ago*.

Comunque sia, non deve stupire che in passato si usassero locuzioni paradossali.

Lo stesso Talmud babilonese cita l'espressione molto simile *"Chi può far passare un elefante per la cruna di un ago?"*.

E anche nella nostra lingua non mancano espressioni bizzarre, come "Andare nel pallone" o "Restare con un palmo di naso", che per noi sono del tutto naturali, ma, chissà, tra qualche migliaio d'anni potrebbero giustamente apparire stranissime ai nostri discendenti.

E se qualcuno poi dovesse osservare - c'è spesso chi smania scompostamente nel voler mettere i puntini sulle i - che il Vangelo è stato copiato da testi più antichi (in questo caso il Talmud babilonese) fategli notare che detto Talmud risale al III-IV sec. d.C., quindi molto dopo la stesura dei Vangeli, per cui eventualmente l'ispirazione, o copiatura che dir si voglia, è avvenuta nel senso opposto.

25

PILLOLE CULTURALI 4
CIVILTÀ ANTICHE
MATRIMONI OMOSESSUALI
E SLOGAN PER PALESTRE

Durante un dopocena con alcuni conoscenti, uno dei presenti ha elogiato la civile lungimiranza degli antichi romani che, a suo parere, avevano non soltanto reso ovvia e diffusa l'idea di normalità degli accoppiamenti omosessuali, ma per primi avevano anche istituzionalizzato lo stesso matrimonio tra persone dello stesso sesso.

Citava poi espressamente Nerone ed i suoi matrimoni con due liberti (ovviamente maschi).

Nessuno dei presenti, me compreso, era/è uno storico, per cui la discussione sul punto non venne approfondita lì, sul momento, anche per evitare una discussione spigolosa.

Però, tornato a casa, mi misi a far luce sulla questione dei matrimoni omosessuali, "normali" nella Roma neroniana.

Il risultato della mia veloce ricerca è riportato nelle righe che seguono. Ma è bene precisare subito che l'esito delle mie pur scarne indagini dimostrano il contrario sul "senso di civiltà" ipoteticamente diffuso in Roma antica, così come dato per scontato nelle affermazioni categoriche del mio conoscente.

Prima di vedere qualche particolare illuminante sul contesto di "civiltà" che caratterizzava Nerone e il suo entourage, è bene specificare che Ottaviano Augusto (morto il 14 a.C.), quindi settant'anni prima dell'ascesa di Nerone, attuò una politica di incentivazione del matrimonio, oltre che della sua moralizzazione (con la *Lex Iulia de adulteriis coercendis*, che puniva l'adulterio), con lo scopo di incrementare le nascite dei cittadini romani.

Il matrimonio, insomma, era inteso solo tra uomini e donne (requisito per la procreazione), ed era riservato ai soli cittadini romani (*iustae nuptiae*, cioè nozze conformi alla legge).

Questa era la legge e la sua motivazione, anche se la moralizzazione non sembra aver attecchito granché, neanche nelle stesse alte sfere che circondavano Augusto.

Quelli che seguono sono gli esempi più noti.

La stessa figlia di Augusto, Giulia, è ed era nota per i suoi molti amanti e per la sua passione per la promiscuità sessuale.

Plinio il vecchio la definì *exemplum licentiae*, cioè un (non) bell'esempio di mancanza di ritegno.

Messalina, moglie di Claudio - che fu l'imperatore che precedette Nerone - è passata alla storia anche lei come donna dissoluta e dai pochi scrupoli. Sposò il suo amante in assenza del marito, che poi, una volta tornato, fece uccidere tutti e due.

Agrippina, madre di Nerone, non pare fosse da meno delle due precedenti. Tacito l'accusò anche di aver avuto rapporti incestuosi col figlio.

Il quale Nerone, comunque, provvide a farla uccidere.

Era un mondo in cui i principi morali erano presenti solo in teoria.

Potremmo dire che la morale fosse più che altro un nebuloso auspicio di cui, però, non si teneva granché conto.

C'era una "tensione" verso la moralità, basata sul diritto naturale, alla quale non corrispondevano comportamenti adeguati.

Basta guardare le sorti degli imperatori che si succedettero da Caligola a Vitellio, dal 37 d.C. al 69 d.C.:

Caligola - regnò dal 37 al 41 - fu assassinato dai pretoriani.

Claudio - dal 41 al 54 - fu avvelenato (probabilmente) da sua moglie Agrippina

Nerone - dal 54 al 68 - si suicidò.

Galba - dal 68 al 69 - fu assassinato,

Otone - da gennaio ad aprile del 69 - si suicidò.

Vitellio - da aprile a dicembre del 69 - fu assassinato da coloro che sostenevano Vespasiano, che gli succedette.

In parole povere, non si andava tanto per il sottile.

In questo habitat che, diciamo così, non presentava aspetti ammirevoli, si innesca la vicenda di Nerone che sposò due uomini.

Ma anche in questa sua violazione inaudita delle leggi e della ragione allora imperanti, ci sono aspetti truculenti che confermano l'inciviltà di quelle azioni.

Nerone, semplicemente, visse nel degrado morale.

Fece uccidere o indusse al suicidio i suoi educatori, Seneca ed il pretorio Afranio Burro, così come uccise sua madre Agrippina e man mano le sue mogli, Ottavia, Valeria Messalina e Sabina Poppea, senza contare quelli meno "nobili" che fece eliminare per puro capriccio.

Dopo la morte di Sabina Poppea, Nerone si innamorò di un suo liberto di nome Sporo, il quale, per sua sfortuna, pare che fosse fortemente somigliante a Poppea.

Nerone pensò bene di farlo evirare e di sposarlo.

Racconta Svetonio: *"Cercò anche di trasformarlo in donna, e se lo fece condurre con la dote e il velo rosso, secondo il cerimoniale nuziale, seguito da un gran corteo, e lo. considerò come una moglie legittima"*.

Da quel momento, Nerone cambiò anche il nome dello sventurato, chiamandolo Sabina.

In ogni caso, l'imperatore, non contento, sposò anche un altro uomo, suo amante, di nome Pitagora, che però non fece castrare.

Gli storici dell'epoca etichettarono come immorali e degradanti queste azioni, ritenendole perversioni.

In altre parole, la morale dell'epoca ripudiava il matrimonio omosessuale, in nome, come si è detto, sia di una "necessità demografica", sia di una connessione con il diritto naturale.

Qui entrano in gioco i nostri ragionamenti, come appassionati del pensiero critico.

Su quali basi riteniamo, ad esempio, che gli omicidi efferati debbano essere condannati? Perché alcune questioni non possono essere soggette ad opinioni, ma devono essere vietate?

In un mondo dominato dalla relatività e dalla libertà di pensiero, cosa e chi può definire la linea di demarcazione tra il bene e il male?

Se tale demarcazione è mutevole a seconda delle opinioni, come stabilire chi ha ragione e chi no?

Ci sono Leggi superiori alle opinioni, in base alle quali vietare od obbligare ciascun cittadino a fare o non fare qualcosa?

Se non esistono Leggi superiori, allora in base a cosa si costruisce l'ordine sociale, e dove si pone la demarcazione tra atti consentiti e atti vietati o censurabili?

E se quelle Leggi esistono… chi le ha stabilite, e quali sono?

Torniamo velocemente all'antica Roma.

Voglio segnalare anche qui un accadimento che dà il segno della parzialità di ciò che si tramanda e di come si tramanda, aggiungendo o eliminando particolari importanti di alcuni accadimenti o informazioni.

Un esempio per tutti: la frase *Mens sana in corpore sano.*

Tutti la conoscono, ed è sostanzialmente diventata uno slogan da palestre.

Alla moltitudine, però, sfugge un particolare.

La frase è, originariamente, di Giovenale, poeta latino nato all'incirca negli anni in cui imperava Nerone.

Ma la frase originaria era *Orandum est ut sit mens sana in corpore sano*, cioè bisogna pregare per avere una mente sana in un corpo sano.

È sparita la parte relativa alla preghiera.

Per essere più chiari, è stata tramandata una frase incompleta, elidendo il richiamo alla preghiera e, di conseguenza, alla divinità.

Insomma, si è passati da una esortazione di carattere fondamentalmente religioso ad uno slogan da palestra.

Per qualcuno questa può essere una vittoria della razionalità.

Per altri si tratta di manipolazione del passato, di trasmissione di informazioni culturalmente deficitarie, e di abbandono del senso del trascendente.

Che ciascuno utilizzi le proprie capacità di pensiero critico per decidere da che parte stare.

26

BASTA UNA PAROLA

Le incomprensioni e le conseguenze che ne derivano, talvolta anche tragiche, non sono originate soltanto da costruzioni (o ricostruzioni) di avvenimenti mai accaduti o male interpretati, in buona o cattiva fede.

A volte basta la cattiva interpretazione di **una sola parola** a sconvolgere il destino di una persona o di intere popolazioni.

È verosimile che tutti conosciate la storia tristissima dell'omicidio di Yara Gambirasio.

La tredicenne tu uccisa nel 2010, e dopo una serie infinita di ricerche, analisi scientifiche, perizie, controperizie e test del DNA effettuati a 25.700 persone, fu condannato all'ergastolo Massimo Bossetti, che secondo la sentenza ha ucciso la ragazzina dopo un'aggressione sessuale.

Questo, sostanzialmente, è quello che un po' tutti ricordano della questione.

Credo che in pochi, invece, ricordino un avvenimento accaduto prima dell'incriminazione di Bossetti.

Mohammed Fikri è un cittadino marocchino.

Nel 2010 aveva 22 anni, e possedeva alcune caratteristiche che congiurarono contro di lui: parlava solo arabo; lavorava a poca distanza dalla casa di Yara; dai rilievi telefonici risultava che lui e Yara fossero nella stessa zona a una certa ora; e, per giunta, il ragazzo aveva prenotato un biglietto marittimo per tornare in Marocco.

E infatti fu fermato dalle forze dell'ordine sul traghetto, proprio mentre era in viaggio. Fu fermato perché, oltre a quanto detto, pesava su di lui un'intercettazione telefonica che, a detta degli inquirenti, era più che sufficiente a ritenere che fosse stato lui ad uccidere Yara.

Nell'intercettazione pareva che Fikri dicesse *"Allah mi perdoni, non l'ho uccisa io"*, il che venne interpretato come una sorta di ammissione "seppur in negativo" (per quanto possa avere senso una deduzione del genere…).

E Fakri fu incarcerato.

A quel punto si scatenò la ridda delle traduzioni della frase intercettata.

Per farla breve: tra periti e contro-periti, dell'accusa, della difesa, della parte civile e del giudice, si contarono sedici (dico sedici) traduzioni.

Alcuni sentivano la parola "uccidere", che altri invece traducevano come "facilitare, agevolare" (il viaggio in preparazione). Altri traducevano la frase in *"Dio mio, fa' che risponda"*.

Alla fine, è stata ritenuta valida una traduzione - quella del perito *super partes* incaricato dal giudice - che escludeva il coinvolgimento di Fakri nella vicenda di Yara.

Fakri fu scarcerato e prosciolto da ogni accusa, ottenendo novemila euro di risarcimento per ingiusta detenzione.

Gli è andata bene: la sua vita, la sua reputazione e il suo futuro dipendevano da "un'opinione", e per sua fortuna l'opinione finale è stata a suo favore.

Ora, al di là del caso di Fakri che è solo un esempio, spero che sia chiaro un concetto, peraltro ovvio ma spesso trascurato: nel leggere o ascoltare il resoconto di un avvenimento la prima azione (mentale) da compiere è quella di non cedere alla pigrizia, accettando immediatamente per vero il resoconto, da qualunque parte provenga.

Di fronte ad una notizia (ancora di più se la notizia è importante), la progressione critica e intelligente da seguire è:

- Dubito

– Controllo l'esistenza di dati e la loro provenienza

– Valuto i dati

– Mi faccio un'opinione che comunque sono eventualmente **pronto a cambiare in presenza di dati e ragionamenti**

migliori, perché è sempre estremamente difficile arrivare a verità oggettive, a definizioni che non siano influenzate da opinioni mutevoli.

L'errore di comprensione di una singola parola può cambiare la via di una singola persona, e questo è drammatico.
Ancora più drammatico è il caso in cui l'errore su una sola parola può determinare conseguenze catastrofiche per popoli interi.
Il che è quanto vedremo nel prossimo capitolo.

27

MOKUSATSU

Secondo alcuni conteggi, furono più di 200.000 le vittime delle bombe atomiche sganciate dagli americani su Hiroshima e Nagasaki, alla fine dell'ultimo - almeno nel momento in cui scrivo - conflitto mondiale.

È verosimile che questa strage si sarebbe evitata, se soltanto una certa parola, *Mokusatsu*, non fosse stata pronunciata da parte giapponese, o non fosse stata interpretata in una certa maniera da parte americana.

Vediamo com'è andata.

Si era a metà del 1945.

Ormai le sorti della guerra erano segnate: era evidente che l'asse Germania-Giappone non avrebbe più potuto controbattere efficacemente la compagine formata da Russia, Stati Uniti e Inghilterra.

I rappresentanti di questi tre Paesi - Stalin, Truman e Churchill - si erano già incontrati per suddividersi le zone di influenza per il periodo post-bellico.

Nel contempo, inviarono un ultimatum al Giappone, minacciando di distruggere il Paese in mancanza di una resa.

A questo punto accadde il disastro "linguistico" che sarebbe costata la vita a centinaia di migliaia di persone.

Prima ancora di una risposta ufficiale del Giappone all'ultimatum, si svolse una conferenza stampa alla quale partecipò il premier giapponese Kantaro Suzuki.

Gli fu chiesto, ovviamente, quale fosse la posizione del suo governo a proposito dell'ultimatum.

Suzuki rispose che la situazione era di *mokusatsu*, per l'appunto.

Il dramma fu scatenato dal fatto che tale parola può assumere significati diversi.

In breve: può significare tanto "no comment" che "considerare con disprezzo".

Se gli americani avessero inteso la locuzione nel primo significato - come un normalissimo *no comment* in attesa della risposta ufficiale - gli eventi non sarebbero precipitati.

E invece, disgraziatamente, fu ritenuto verosimile che Suzuki avesse risposto da kamikaze, addirittura disprezzando l'invito alla resa.

Truman dette ordine di preparare la distruzione atomica, che fu effettuata all'inizio di agosto del 1945.

Troppa voglia di mettere fine alla questione da parte degli americani, o anche Suzuki ebbe la sua parte di responsabilità?

Entrambe le cose.

Fatto sta che, ovviamente, il premier giapponese era ben al corrente dell'ambiguità del termine utilizzato.

Sembra che l'intenzione di Suzuki fosse duplice, sfruttando proprio il doppio significato di *mokusatsu*.

È probabile che volesse riservare agli Stati Uniti il significato di provvisorio *no comment*, volendo però contemporaneamente far intendere alle frange più combattive del proprio esercito di voler difendere l'orgoglio giapponese.

Comunque sia, si trattò di un madornale e tragico errore di comunicazione.

Almeno noi, impariamo da questi episodi e teniamo sempre in debito conto la pericolosità degli errori di linguaggio.

Applichiamo e, soprattutto, insegniamo l'arte del chiederci sempre cosa capirà/penserà il nostro interlocutore (una singola persona o un pubblico intero) di quello che diciamo.

Del senso intero del discorso, ma anche di ogni singola parola.

In questo capitolo esamineremo la vicenda della pubblicazione del libro raffigurato sopra, e della sua stroncatura, apparsa in un articolo sul Corriere della sera.

Nel frattempo, se ne avete voglia - e giusto per arrivare alla lettura del post con già qualche opinione in merito - vi invito a riflettere sulla seguente questione: È lecito sostenere che possano esistere le prove dell'esistenza di un Creatore?

Se no, perché?

Se sì, perché?

Premessa (che credo necessaria, per quanto ovvia): qui non facciamo teologia, né intendiamo fare proseliti in ambito fideistico.

E neppure, all'opposto, intendiamo sponsorizzare ipotesi materialiste, scientiste, atee o agonistiche che siano.

Si tratta di questioni trattate in altri lavori.

Quello che qui interessa è ragionare sui vari "dibattiti", cercando di capire gli eventuali punti deboli delle varie argomentazioni (deboli dal punto di vista di un imparziale pensiero critico).

Che poi questo esame/esercizio io lo svolga spesso a proposito delle controversie sull'esistenza o no di (un) Dio creatore, be'... mi pare giustificato dal fatto che l'argomento in questione è presente da sempre in tutti i gruppi umani, e la sua (eventuale) soluzione - in qualsiasi senso avvenisse - sarebbe di rilevanza maggiore di qualsiasi altro dilemma, compreso quello, ad esempio, dell'esistenza di abitanti di altri pianeti (gli "alieni"), che sarebbe ovviamente questione di ordine inferiore, perché si tratterebbe ancora di creature, non del creatore.

E adesso cerchiamo di svolgere qualche riflessione, e lo facciamo prendendo come spunto la risposta data da Gabriele Rossi alle domande che - come avete letto - ho posto:

È lecito sostenere che possano esistere le prove dell'esistenza di un Creatore?

Se no, perché?

Se sì, perché?

La risposta di Gabriele Rossi, arrivata nel gruppo Facebook che ha ospitato la costruzione progressiva degli argomenti contenuti in questo libro, è breve, il che è comprensibile, visto che nei post sui social è normale non dilungarsi troppo nelle argomentazioni.

Ma a noi interessa il contenuto sostanziale, che è quello che commenteremo.

Gabriele ha scritto:

"Tutto è lecito nel pensiero umano, anche se, personalmente, reputo illogica la domanda stessa.

Qualunque tipo di prova a sostegno dell'esistenza di Dio, così come qualunque prova della sua inesistenza, è e resterà sempre una semplice opinione.

Non potendo dimostrare il contrario di qualcosa, le teorie opposte hanno lo stesso valore.

Chi crede non ha bisogno di prove, a chi non crede non basteranno mai.

Per questo si parla di mistero della fede e, per dirla tutta, chi crede ha tutta la mia invidia."

Come dice Gabriele, ogni opinione è lecita, e quindi anche la sua, che, tra l'altro, è probabilmente quella più diffusa.

In sostanza, sostiene Gabriele, sull'esistenza di Dio ci sono e ci potranno essere soltanto opinioni non comprovabili.

Ora e in futuro: "Qualunque tipo di prova a sostegno dell'esistenza di Dio, così come qualunque prova della sua inesistenza, è e RESTERÀ SEMPRE una semplice opinione".

Un primo appunto mi sento di farlo in relazione all'affermazione che non sarà MAI possibile avere prove sul dilemma in questione.

Un corretto pensiero critico non può accettare conclusioni per il futuro. È pertanto improprio - dal punto di vista logico - stabilire che un avvenimento non potrà mai accadere.

Ma l'appunto più sostanziale vorrei farlo sul complesso dell'affermazione di Gabriele, che a me pare ricalcare l'essenza di ogni atteggiamento agnostico: sulla questione non è dato sapere nulla di preciso, per cui, fatti velocemente i conti, è inutile occuparsene.

Se questa è la posizione sostanziale dell'agnosticismo - e, a mio parere, alla fine l'agnosticismo si riduce a questo - allora resta valida la mia ormai vecchia convinzione che un agnostico è, in fin dei conti, un ateo pigro, che ha trovato una scorciatoia - pure comoda - per evitare di ragionare sul problema.

Perché - ed è proprio questo il punto - con le mie domande che, ripeto, sono:

È lecito sostenere che possano esistere le prove dell'esistenza di un Creatore?
Se no, perché?
Se sì, perché?

intendevo indurre al ragionamento, alla ricerca di motivazioni, intendendo per "ricerca" un **approfondimento** dei motivi della propria/soggettiva posizione intellettuale sulla questione.
E dire *"Inutile pensarci, perché tanto è inutile"* tutto è, meno che un approfondimento.
Posizione lecita, quindi, ma non della profondità che invece, a mio parere, sarebbe opportuna.
In altre parole, trovo che ricercare delle prove - o ragionare a fondo sulla possibilità che esistano prove - in relazione al mistero più grande (*"Alla base di tutto ciò che ci circonda c'è soltanto il Caso o un Creatore?"*) sia attività insieme nobile e necessaria per ogni essere che voglia dirsi umano.

Vorrei anche commentare velocemente un'osservazione, anch'essa interessante, proposta dall'amico Paolo Storti, che ha scritto:
"A mio avviso la domanda che andrebbe posta dovrebbe essere del tipo: "Alla base di tutto ciò che ci circonda c'è soltanto il Caos o il Logos (ossia una razionalità)?"
Non userei in prima analisi il concetto di Creatore, in quanto con tale termine si indica quasi sempre, anche se non sempre, un ente trascendente l'universo, mentre il Logos potrebbe anche essere immanente, come in Aristotele e cioè non creatore, ma colui che causa il movimento dell'universo ed assicura l'ordine di questo.
Solo se la risposta alla domanda fosse il Logos, mi interrogherei sulla sua natura, trascendente o immanente, creatore o causa del movimento dell'universo o della sua apparenza."

Il ragionamento di Paolo Storti ha sicuramente una base logica: prima di parlare di un Essere Creatore, trascendente (in parole povere "extra-universo", antecedente all'universo e causa creatrice di esso), sarebbe forse meglio parlare di un concetto meno definito, diciamo così, il Logos, che non ha creato l'universo, ma lo "gestisce".

E poi, dovremmo chiederci se questo Logos è trascendente o immanente, cioè se è fuori dall'universo o ne fa parte.

Anche questo pensiero, come quello di Gabriele, è perfettamente accettabile.

Quello che penso, comunque, è che se il Logos è immanente, cioè fa parte (ed ha sempre fatto parte) dello stesso universo, ne è parte inseparabile... allora il problema si ripresenta: c'è qualcosa di trascendente - che, per l'appunto, trascende anche il Logos - oppure no?

Se, invece, si intende il Logos come forza causale, esterna all'universo e quindi trascendente... allora ricadiamo nell'ipotesi che ho denominato Creatore, ma che potremmo chiare Logos, X o Y, come si vuole, tanto la sostanza non cambierebbe: si tratterebbe di un'Entità di ordine superiore, ineffabile, cioè impossibile da definire esattamente con i nostri concetti ed i nostri termini, ma che sostanzialmente può essere ricondotta - con un certo accomodamento dialettico - a ciò che comunemente si intende per Creatore, cioè causa/volontà dell'esistente.

Detto questo, veniamo al libro in questione e, come già detto, alle ragioni della critica ad esso, oltremodo negativa, apparsa sul Corriere della sera.

Partiamo dalla critica.

L'articolo apparso sul Corriere della sera è a firma di Carlo Rovelli e Giuseppe Tanzella-Nitti

Giusto per completezza: Carlo Rovelli è uno scienziato che si dichiara "serenamente ateo" (v. la pagina di Wikipedia a lui dedicata); e Giuseppe Tanzella-Nitti è un sacerdote cattolico, teologo e astronomo.

I due autori, prestigiosi, hanno unito le loro forze (e le loro opinioni sull'esistenza di Dio **evidentemente divergenti...**) per scrivere l'articolo che, seppur velocemente stiamo per esaminare.

Attraverso questo QRCode potete andare direttamente alla pagina online con l'articolo completo

Già il titolo dell'articolo non è propriamente irrilevante, dal punto di vista della comunicazione:

UNIVERSO, UN DISEGNO POCO INTELLIGENTE: LA SCIENZA NON PUÒ DIMOSTRARE L'ESISTENZA DI DIO

Sembra quasi (ma so di essere un malpensante) che già il titolo vorrebbe disincentivare i possibili lettori del libro dal suo acquisto.

Quel "Poco intelligente" sparato così, a cosa si riferisce?

Al Disegno di un (eventuale) Creatore o al disegno argomentativo degli autori del libro?

Insomma, sarebbe poco intelligente Dio, gli autori del libro e/o, per omogeneità, anche i lettori dello stesso?

Ma andiamo avanti, e leggiamo il sottotitolo dell'articolo:

"Riemerge l'idea che i risultati della ricerca possano avvalorare l'ipotesi di una divinità artefice dell'universo.

Ma non è così: un fisico e un teologo spiegano perché."

Riemerge l'idea.

Riemerge.

Nel senso che l'idea (quella poco intelligente) c'era già, ed era stata affossata?

Ma un fisico e un teologo, per fortuna, spiegano il perché quell'idea è sbagliata.

Un fisico e un teologo.

Chi ha letto il mio libro sulla manipolazione mentale[6] - o altri libri in materia - sa bene che il ricorso all'offesa ("poco intelligente") e all'autorità ("un fisico e un teologo", mica due scappati di casa) sono stratagemmi retorici usati per convincere **a prescindere dal ragionamento.**

Continuiamo.[7]

L'articolo prosegue raccontando che, quando iniziò ad essere chiaro che l'universo che vediamo ha avuto origine con un'esplosione, per fortuna la Chiesa cattolica non cadde nello sciocco equivoco - in cui, pare sottinteso, qualche sciocco invece cadde e ancora cade - di collegare questa scoperta alla Genesi biblica.

Per fortuna, dicono il fisico e il teologo, perché *"oggi la scienza esplora la possibilità che l'universo possa essere esistito anche prima del Big Bang".*

(Badate bene: "esplora la possibilità", per quel poco che vuol dire in termini di probabilità...).

E comunque, ci rassicurano i due autori, *"come ci ripetono all'unisono i migliori scienziati e i migliori teologi, cercare prove per la verità della Fede nella scienza è una sciocchezza",*

Ovviamente, non è dato sapere dov'è pubblicata la classifica dei migliori scienziati e dei migliori teologi, con in più allegata

---

6 *Tecniche efficaci di manipolazione mentale.*

7 Quella che segue è soltanto l'evidenziazione di alcuni punti dell'articolo. Ancora di più ci sarebbe da dire, ma questo argomento non può occupare troppo più spazio degli altri...

l'opinione secondo la quale cercare prove dell'esistenza di un Creatore è una sciocchezza, per cui dobbiamo fidarci dei due autori.

Resta però chiaro che, ancora una volta, si usa un termine poco simpatico - e "sciocco" è decisamente un termine poco simpatico - per chi non dovesse pensarla come i generici "migliori scienziati e migliori teologi".

Indovinate ora con quali parole continua l'articolo?

"Ma le sciocchezze tendono a ripetersi", riferendosi, per l'appunto, alla ricerca delle "prove" e quindi, ne consegue, anche al libro contestato.

Però gli autori, a questo punto, vogliono fornirci il ragionamento che dimostrerebbe perché il non pensarla come loro sarebbe una sciocchezza.

Vediamo cosa dicono.

Vengono portati due esempi, che dovrebbero far capire (anche agli sciocchi, aggiungo io) che è il Caso, e non necessariamente un atto di volontà, a produrre conseguenze importanti.

Se sfoglio il dizionario a caso, dicono il fisico e il teologo, può essere che mi fermi su una parola tra tante, senza che ci sia volontà minima di avere quel risultato.

Ancora: un bambino nasce a seguito di un rapporto sessuale con un certo partner e in un certo momento, tra milioni di altre circostanze possibili.

Sarebbe bastato un qualsiasi cambio casuale per produrre nascite e generazioni completamente diverse.

Il Caso, insomma, e alla base del tutto, non una "volontà".

Il ragionamento sembra forte e sensato, ma in realtà non è granché.

Basti considerare che, **invece, alla base** della ricerca della parola sul vocabolario, o all'origine dell'atto sessuale c'è proprio **un atto di volontà**.

La volontà originaria di "agire" è proprio l'elemento fondamentale e necessario che, pare evidente, il fisico e il teologo non riescono proprio ad estromettere.

Comunque sia, i due considerano il libro un tentativo maldestro di supportare (con prove impossibili da addurre) la ragionevolezza dell'idea di un Disegno Intelligente.

A queste accuse hanno risposto gli autori del libro, con un loro articolo, anch'esso pubblicato dal Corriere (e anche per questo articolo fornisco un QR Code).

Vi invito a leggerlo, anche per notare la mancanza di termini offensivi (chissà perché, ma quando mancano le offese, i ragionamenti mi sembrano già più convincenti...)

Da parte mia vorrei concludere segnalando il punto centrale della questione, che invece pare sfuggire a coloro che, come il fisico ed il teologo, contrastano le idee del libro in questione.

Parlo del concetto di "prova".

Se non si capisce di quali "prove" stiamo parlando, non si riesce a capire il senso del ragionamento sul Disegno Intelligente.

Alla definizione del concetto di "prova" è dedicato un intero capitolo del libro, e vi invito a leggerlo.

Qui riassumo la questione in termini molto semplici, giusto magari per invogliarvi a leggere il libro per l'analisi completa della questione.

Soltanto nella matematica e nella geometria il termine **prova** combacia con il termine **dimostrazione**.

Nelle altre attività di pensiero (filosofia, teologia, o si pensi anche solo ad un processo in tribunale) si parla di prove, al plurale.

Non si tratta di dimostrazioni inoppugnabili (se ci fosse, ne basterebbe una, e si chiamerebbe dimostrazione), ma di ragionamenti che possono portare ad un certo convincimento.

Si pensi a quello che avviene alla fine di un processo in tribunale: il giudice decide in base alle "prove", ma non è proprio detto che tali prove siano sufficienti a convincere chi la pensa diversamente sulla questione.

Addirittura, anche quando, come si dice, la sentenza è passata in giudicato, cioè non è più appellabile, esiste pur sempre la possibilità di revisione del processo penale "**se dopo la condanna sono sopravvenute o si scoprono nuove prove che, sole o unite a quelle già valutate, dimostrano che il condannato deve essere prosciolto**".

Basterebbe capire solo questo tassello del discorso per concordare sul fatto che le prove di cui si parla nel titolo e all'interno del libro incriminato non vogliono essere **dimostrazioni**, perché gli autori sanno bene che le loro argomentazioni sono soltano concordanze che "possono" indurre ad una certa conclusione.

E, direi, il libro contiene numerosissime prove (nel senso detto) che - pur magari non convincendo il fisico e il teologo di cui sopra - sono tutt'altro che sciocche.

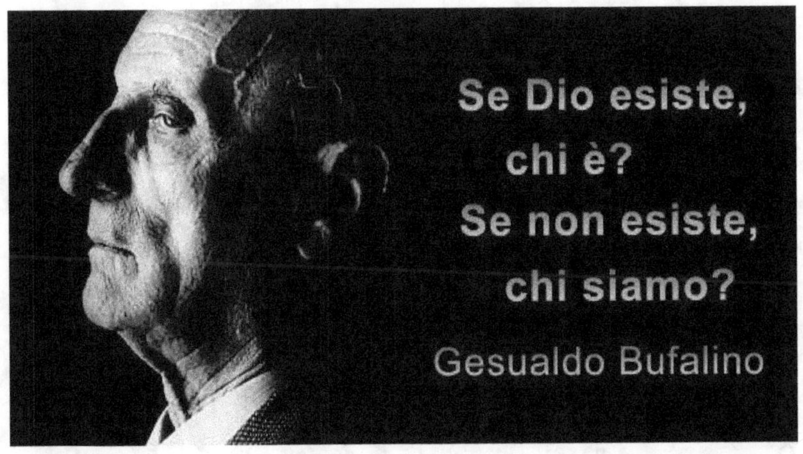

29

LA FINE DEL VIAGGIO,
TRA DUBBI, RAGIONAMENTI,
ERRORI E OMICIDI

È arrivato il momento di chiudere.

Questo è l'ultimo capitolo di questo libro, con un ultimo (tentativo di) ragionamento, che vorrebbe condensare- nelle mie intenzioni - i vari temi trattati finora o, meglio, i concetti sottostanti ai temi trattati finora.

E lo facciamo raccontando un caso piuttosto famoso, che sarà lo spunto per lo sviluppo di qualche riflessione.

Il 4 febbraio 1999 Amadou Diallo, 23 anni, originario della Guinea, fu ucciso a New York da tre poliziotti in borghese che gli spararono contro 41 colpi di pistola, dei quali 19 andarono a segno.

Diallo non aveva commesso alcun reato.

I poliziotti - quattro, ma si appurò che soltanto tre avevano sparato - furono assolti, furono scagionati da ogni accusa.

Per come furono ricostruiti gli avvenimenti, l'episodio, tragico, fu determinato da una successione rapidissima ed incontrollabile di malintesi.

Diallo, un venditore ambulante, rincasò verso mezzanotte, dopo una giornata di lavoro.

Abitava a New York, nel South Bronx,, una zona povera che, per il traffico di droga e la diffusa criminalità, era tenuta d'occhio anche da una squadra speciale di polizia, la *Street Crime Unit*, che pattugliava di frequente le vie del quartiere.

Dopo aver salutato i suoi coinquilini, Diallo scese per strada, vicino alla porta d'ingresso dell'abitazione, per godersi un po' l'aria della sera.

Una squadra della *Street Crime Unit*, formata da quattro poliziotti in borghese, passò in auto, poco distante.

Pare che, oltre alle normali attività di controllo di routine, fossero anche specificamente in cerca di uno stupratore presente nella zona.

I quattro notarono Diallo, e oltre alla possibile somiglianza con il ricercato, i poliziotti notarono un movimento fatto dal giovane: sembrò loro che avesse tentato di nascondersi.

Due dei poliziotti - in borghese, ripetiamolo - scesero dall'auto e si diressero velocemente verso Diallo, gridando qualcosa come *"Polizia! Possiamo fare due chiacchiere?"*.

Diallo, piccolo di statura, vide nell'oscurità due uomini ben piantati dirigersi velocemente verso di lui.

Erano vestiti normalmente, con cappellini e col petto "potente" (indossavano i giubbotti antiproiettile, ma ovviamente Diallo non poteva saperlo).

Pare che il giovane fosse anche leggermente balbuziente e, in più, chi lo conosceva testimoniò che il suo inglese non fosse molto buono.

A queste circostanze bisogna aggiungere anche il fatto che un parente di Diallo fosse stato aggredito di sera, da sconosciuti, in circostanze simili a quella in cui lui si trovava in quel momento.

Fatto sta che Diallo non riuscì a proferire parola, e tentò di scappare nel portone di casa.

I due poliziotti, a quel punto, videro confermati i propri sospetti ed estrassero le pistole, gridando al giovane di fermarsi.

Nel momento in cui videro che Diallo estraeva qualcosa dalla tasca fecero fuoco, mentre intanto arrivavano anche gli altri due della squadra.

Diallo stava estraendo il porta documenti, che agli agenti, nella semioscurità, sembrò essere una pistola.

Uno dei poliziotti che erano più vicini a Diallo si buttò all'indietro, in modo istintivo, e gli altri pensarono che fosse stato colpito dalla (inesistente) pistola del giovane.

Come già detto, Diallo fu ucciso con 19 colpi.

Ne furono esplosi 49.

I poliziotti furono assolti, perché si ritenne che nella circostanza avessero agito secondo "percezioni" giustificabili.

La stessa cosa, in realtà, era successa anche per il giovane ucciso: anche lui si era comportato secondo "percezioni" giustificabili, per il luogo, la situazione, le capacità cognitive ed espressive, le modalità d'azione e la rapidità in cui si svolsero gli eventi (in una manciata di secondi, sostanzialmente).

Ragionare su questa storia tragica può dirci molto.

Per prima cosa, bisogna porsi le domande principali e ovvie:

1) È giustificabile la fuga di Diallo?

2) È giustificabile il comportamento dei poliziotti?

È probabile che la maggioranza tenda a rispondere di sì alla prima domanda e di no alla seconda.

La perdita di una vita umana, e peraltro di un innocente, ha un peso emotivo difficilmente trascurabile.

Ma è anche chiaro, almeno per chi vuole tentare di ragionare valutando tutti i termini di una questione, che una valutazione (almeno tendenzialmente) critica - nel senso di logica, razionale, intelligente - dell'accaduto deve prima di tutto rispondere alla domanda *"Come mi sarei comportato io, nella stessa situazione?"*.

E la domanda va posta con riferimento ad entrambe le parti in causa, Diallo e i poliziotti, tenendo conto di tutte le componenti in gioco (il buio, il pericolo, la paura, le "percezioni" che il cervello tende ad interpretare come "realtà").

Probabilmente, allora, diventa più comprensibile - anche se capisco che possa restare ancora inaccettabile - la sentenza di assoluzione degli agenti da ogni addebito.

Ma al di là della discussione sulla "giustizia" del verdetto, mi preme segnalare un fattore che non viene mai citato nei libri/corsi/consigli/insegnamenti sul comportamento.

Il fattore è questo: il mondo in cui viviamo non permette sempre e comunque l'applicazione di regole comportamentali "vincenti".

Sono più frequenti di quanto si possa immaginare le situazioni in cui - nonostante la nostra (a volte presunta) saggezza - ci comporteremo in modo bislacco, irrazionale, inopportuno, controproducente.

E non si tratterà sempre, come nel caso Diallo, di reazioni istintive per "mancanza di tempo" o per paura.

Anzi, molto difficilmente, per fortuna, ci si troverà in situazioni drammatiche.

Eppure, per quanto possiamo aver imparato sull'equilibrio esistenziale, sul pensiero critico e sui comportamenti intelligenti… saremo sempre vittime potenziali di reazioni istintive, causate da vicende talvolta addirittura futili, talvolta più serie, ma comunque non drammatiche come quella esaminata finora.

Potremo essere infastiditi dall'antipatia verso l'interlocutore, dal disinteresse verso le insistenze altrui, da inevitabili incomprensioni lavorative o familiari: niente di speciale, insomma.

Eppure, capiterà anche a chi studia il pensiero (e il comportamento) razionale di avere reazioni illogiche e, talvolta, negative.

Il che, ovviamente, non vuole dire che riflettere su queste materie sia tempo perso.

Né significa che la stessa lettura di libri come questo non possano produrre miglioramenti intellettivi e comportamentali.

Il fatto è soltanto che siamo esseri sostanzialmente imperfetti, fallibili.

Il massimo che possiamo pretendere da noi stessi è una **tendenziale** attitudine/abitudine al ragionamento intelligente e a comportamenti conseguenti.

A volte ci riusciremo, a volte no, a seconda delle circostanze.

Ma lo faremo in quantità e qualità maggiore di coloro che queste riflessioni non fanno.

E vivremo meglio, anche se magari solo leggermente.

Il che è già un successo.

Bibliografia

Nell'elenco che segue non ci sono soltanto le fonti principali dalle quali ho attinto alcune informazioni che riporto in questo volume.
Ho aggiunto anche dei titoli di libri dei quali consiglio la lettura.
Specifico anche che alcuni input mi sono arrivati da cari amici, tra i quali segnalo in particolare Gabriele Rossi e Paolo Storti.

Ariely, Dan - *Prevedibilmente irrazionale*, Rizzoli

Baggini, Julian - *La papera che vince alla lotteria*, Cairo

Bayard, Pierre - *Come parlare di fatti che non sono mai avvenuti*, Treccani

Bifarini, Ilaria - *Neoliberismo e manipolazione di massa*, Youcanprint

Bortoli, Lorenzo - *Traditori biblici*, Effata Editrice

Bregman, Rutger - *Una nuova storia (non cinica) dell'umanità*, Feltrinelli

Buonanno, Errico - *Sarà vero*, UTET

Capuano, Romolo - *111 errori di traduzione che hanno cambiato il mondo*, Stampa alternativa

Fry, Hannah - *Guida definitiva a (quasi) tutto*, Bollati

Gladwell, Malcom - *Avventure nella mente degli altri*, Mondadori

Gladwell, Malcom - *Fuoriclasse*, Mondadori

Gladwell, Malcom - *Il punto critico*, UTET

Gladwell, Malcom - *Perché i piccoli sono più forti dei grandi*, UTET

Graeber, David - *L'alba di tutto*, BUR

Kahneman, Daniel - *Rumore*, Utet

Le Bon, Gustave - *Psicologia delle folle*, TEA

Nassim, Nicholas - *Il cigno nero*, Saggiatore

Nassim, Nicholas - *Il letto di Procuste*, Saggiatore

Penrose, Roger - *La mente nuova dell'imperatore*, BUR

Penrose, Roger - *La strada che porta alla realtà*, BUR

Schelling, Thomas - *Micromotivazioni della vita quotidiana*. Bompiani

Sorensen, Roy - *La stanza delle meraviglie filosofiche*, Salani